沖縄のもあい大研究

模合をめぐる　お金、助け合い、親睦の人類学

平野（野元）美佐

ボーダーインク

沖縄のもあい大研究　模合をめぐるお金、助け合い、親睦の人類学

目次

はじめに――沖縄の「模合《もあい》」をフィールドワークする

沖縄で夜ごとおこなわれている「模合」の風景(宮古島)

沖縄で暮らしている人なら、こういう光景を目にしたことがあるだろう。

レストランで賑やかにひとしきりおしゃべりしていたかと思うと、おもむろに財布や封筒からお金を取り出して集めだす女性たち。居酒屋でビール、泡盛を楽しそうに飲みながら、集められたお札を数える男性たち。よくみれば、手元のノートに何やら書いている人がいる。やがてそのお金はみんなが注目しているなか、おもむろに特定の人に渡される……。べつに怪しい取引ではなく、沖縄のあちこちで、ほぼ毎日繰り広げられている光景である。

それは「模合《もあい》」と呼ばれる、沖縄では誰もが知っている「慣習」である。長年模合に参加してきたという人もたくさんいるだろう。ちなみに「手元のノート」とは、お金を出した人の名前や金額を書いておく「模合帳」と呼ばれるものだ。ふつうの大学ノートの場合もあれば、文房具屋などで入手できる市販のものもある。

■「模合」にヒミツってあるの？

沖縄で、「模合とはなんですか」とたずねると、「ただの飲み会」と言われることがある。確かに、模合は居酒屋でわいわい楽しむものというイメージが強い。大阪出身の私が模合に参加させてもらうとき、「模合を研究しに来ました」と伝えると、「ただの飲み会なのに何を調べるの？」「模合にはなんのヒミツがあるの？」と、不思議がられた。それは実に正しく、多くの模合は楽しい飲み会や食事会であり、なんのヒミツもないようにみえる。模合に参加してどんなに目を凝らしても、楽しく飲食している人たちがいるばかり。

居酒屋「モアイ」看板。〈模合、小宴会にどうぞ！〉

　居酒屋やレストランの宣伝では、女子会やデートと一緒に「模合に最適」と書かれているし、沖縄で有名な「カラオケワールドもちたろう」のCMでは、「模合・宴会・二次会」の順で歌われている。もう閉店してしまったが、那覇の飲み屋街・桜坂には居酒屋「モアイ」というお店があった。経営者の方(八〇代・女性・二〇一二年三月)の話によれば、店名はイースター島のモアイ像にちなんだものらしいが、「モアイ」の宣伝看板には「模合」の文字があった。

沖縄県で販売され旧暦や行事が載っている「沖縄手帳」には、模合の金額や日にちをメモするページが付いているものもある。新年を迎えると、新しい手帳やカレンダーに、まず模合の予定を書き入れるという人も多い。

沖縄の結婚披露宴には、新郎新婦の模合仲間が出席する(ときに余興をする)のはもちろんのこと、新郎新婦の両親の模合仲間が参列することも珍しくない。沖縄の結婚披露宴のゲスト数の多さは有名だが、模合文化がその一端を担っているのである。そもそも、新郎新婦のなれそめの八位が「模合」である(玉城愛 with にーびちオールスターズ 二〇一〇：五六)。

模合の基本的な仕組み

沖縄ではご存じの方は多いだろうが、模合の仕組みを簡単に説明しておこう。

模合を始めるには、まず何名か参加者を集めてグループをつくる。その関係性は実に様々だが、グループのメンバーは、決まった間隔で(毎月など)定期的に集まる。

その際には「お金を出す」ことが必須となる。メンバーは全員、定められた金額を持ってくる。そのまとめた全額をグループのなかの一名、ときに複数名に渡す。これを定期的に繰り返す。月に一度の模合であれば、毎月順番にメンバーがお金を受け取っていき、全メンバーが受け取れば模合は一巡したことになる。ここでグループを解散してもよいが、ふつうは一巡しても終わりにせず、何巡も(つまり何年も)、ときには何十年も模合グループは続いていく。

マチグヮー模合。模合金を計算するそばで飲み会はすすむ(那覇)

このような定期的な模合の集まりが、現在の沖縄では一種の親睦会となっている。模合金を持ち寄るだけではなく、その多くが飲食をともなう集まりなのだ。よって模合の場所は、夜なら居酒屋で、お昼ならレストランやカフェでのランチ会となる。しかし親睦が目的なら、なぜ、ただの飲み会やランチ会ではダメなのだろうか。多くの人が「模合に行く」といえば外出しやすいといい、「模合」だと夜の会合でも当たり前のように家族に許されるのだという。また職場によっては、「模合だから先に帰ります」とか、「昨日模合だったもので」という言い訳も通じるという。

一方、大きなお金を借りたい、あるいは貸して利子を取りたいという、金融目的での模合グループもある。そのような「金融模合」は、商売のための元手であり、運転資金となり、中小企業の経営者たちがシビアな付き合いをしている。戦前・戦後、施政権の移動に通貨交換など様々な「世替わり」を経験した沖縄では、金融模合は何度か大きな流行を繰り返し、時には社会問題となるトラブルが多発することもあった。しかし、金融機関が利用しやすくなった昨今、主流は「親睦模合」である。

■飲み会か、ユイマールか

「模合はただの飲み会」と言われることが多い一方で、「模合はユイマール」といわれることもある。沖縄社会を表す言葉としてよく使われる「ユイマール」は相互扶助、簡単にいうと「助け合い」である。なぜ模合が助け合いなのだろうか。

金融機関が縁遠かった時代、庶民にとって、生活に必要なお金を借りることは難しかった。高利貸から借りられても、高い利子を支払わねばならない。銀行も簡単には融資してくれない。しかし仲間と模合をすれば、高い利子を支払わなくとも一度にまとまったお金を手にでき、急を要するときにも対応できる。庶民にとって、模合は助け合いであり、庶民金融であったのだ。

実は模合のような組織は、日本全国に古くから存在した。西日本ではおもに頼母子講《たのもしこう》、東日本では無尽講《むじんこう》と呼ばれ、町方から村落部まで津々浦々存在したといわれる。沖縄の模合を説明するときに「頼母子講だよ」と言うと理解してもらえることがある。しかし、一部地域を除けば、金融機関の発達とともに全国各地の多くの頼母子講・無尽講は廃れてしまった。しかし沖縄ではいまも、形が変わったとはいえ、「模合」は盛んにおこなわれている。

なぜ沖縄だけが全県をあげ、今も模合が活発なのだろうか。

■アフリカで「模合」に出会った

ここからは、私がなぜ模合に興味を持ったのかを書いておきたい。

大阪で生まれ、兵庫県西宮市（甲子園のそば）で育った私は、「模合」という言葉も仕組みも知らずに大人になった。私が「模合」と出会ったのは一九九〇年代、沖縄からはるか遠くカメルーンという中部アフリカの小国であった。私は大学院の研究のためカメルーンに合計三年ほど暮らし、そこで「模合」に出会ったのだ。カメルーンではもちろん「模合」とは呼ばず、公用語のフランス語で「トンチン」と呼ばれていた。カメルーンは二五〇ほどの民族が暮らし、なかでも私が生活をともにしていた民族「バミレケ」の人たちは、トンチンを活発におこなっていた。

私は当時長期滞在していたカメルーンで、あるバミレケのグループ（メンバー数は二〇〇人ほど）に誘われて、トンチンに参加していた。そのトンチンは毎週集会があり、うっかり行くのを忘れてしまったこともあった（これはメンバーとして、やってはならないことだ）。少額だったこともあり、他のメンバーが代わりに立て替えてくれ事なきを得た。

一年ほどがたち、とうとう私の受け取る順番がやってきた。私の名前が呼ばれ、中央のテーブルにお金を受け取りに行くと、会場中の視線が私に注がれた。ふだん受領者が注目を浴びることはないが、おそらく私が外国人だったからだろう。しかもみな、満面の笑みを浮かべていた。「トンチン（模合）っていいでしょう？」というように。

それまで私は参加しながらも、なぜこんな面倒なことを毎週大勢集まってやっているのか、と思っていた。しかし、メンバーの笑顔に見守られてお金を受け取ったとき、トンチンとは全員が「善きもの」とする助け合いで、そのためにみな懸命に働いて現金を持ち寄っていることに気がついた。模合は金融機関の代替ではなく、人びとの努力によって維持されている文化的営みだったのだ。

■関西でも「頼母子講《たのもしこう》」が残る地域があった

私は、ここ数年関西で、生涯学習の講師として、平均年齢七〇歳の受講生に頼母子講や模合の話をしてきた。「頼母子講を知っていますか」と受講生に聞くと、ほとんどの人が知っているという。ただし六〇代では、聞いたことも見たこともないと首をかしげる人もいる。また七〇代以上で「知っている」という人も、両親や祖父母がやっていたのを覚えているだけで自分の経験ではない。つまり、現在七〇歳前後の人が子どもだった一九四〇年代～五〇年代の関西では、その親や祖父母世代は頼母子講をおこなっていたものの、彼らが成人した一九六〇年代～七〇年代にはすでにすたれていたのだろう。

ただし、関西には例外の地がある。沖縄県系の人が四人に一人といわれる大阪市大正区である。大正区では、模合（ただし大正区では「タノモシ」と呼ばれることが多い）が、沖縄県ほどではないが、ちらほらとおこなわれている。沖縄県系の人だけでなく、大阪人が混ざっておこなっている模合もある。私は一時期、沖縄出身のご夫婦が営む居酒屋の模合に参加させてもらっていたこともある。大正区の模合についても、いつかきちんと調べて書いてみたいと思う。

さて、カメルーンから帰国して以降、日本でもっとも模合が盛んな「聖地」沖縄への想いが募っていった。沖縄での模合はどんなふうにおこなわれているのか。カメルーンとどう違うのだろう。

■「模合、面白過ぎる！」　沖縄でフィールドワークする

念願がかない、研究費がとれ、二〇一一年から沖縄の模合の調査を開始することになった。研

究費がとれたといっても、私は当時、沖縄に一人も知り合いがいなかった。八月になり、沖縄に行くことだけが決まり、「さてどうしようか、国際通りで通りすがりの人に声をかけなくてはならないのだろうか」と思案していた。しかし、沖縄に出発する前に講義で訪れた鹿児島のとある大学で、沖縄出身の大学院生Tさんに出会えた。模合の研究をしたいので誰か紹介してほしいと図々しいお願いをすると、彼は快く、ご両親や空手の先生を紹介してくれた。そしてこのご縁から、次々と新しい出会いがつながっていった。つまり、Tさんこそまぎれもない私の最初の恩人である。

最初に私が参加させてもらった模合は、Tさんの祖母のランチ模合であった。山の上にある新しいホテルのレストランに、年配の女性たちがおしゃれをして集まっていた。集められるお金、そしてそのお金をまとめて手渡される光景は、カメルーンとやはり同じだ。感激した。

集まった六名の女性たちは歓迎してくださり、私に、「模合は素晴らしい」「仲間は素晴らしい」と口々に話してくださった。しかし、いつしか模合の運営や日程の決め方について議論となり、それがヒートアップし、とうとう座元のGさんは、「模合の日をころころと変更するな、こんなだったらやめてしまえ！」と啖呵を切った。私は少々面食らいながらも、カメルーンでもグループ内はつねにいろいろな議論をしていたので、懐かしいなあと考えていた。帰り道、メンバーのMさんが私にこっそり言った。「ごちゃごちゃ言ってるけど、ああやって言い合って、みんな頭の体操をしているの。みんな仲がいいの。いつものこと。姉さん(座元)はああやっていつも怒るのよ」。

そしてその夜宿に帰り、手帳に「模合、面白過ぎる！」と書いた。私は、模合座(模合の集会の場)で、模合だけでなく沖縄のあれやこれやについて学んだ。この日も、「沖縄の女性は働いていた人が多いから、ジーサンよりお金があるのよ」など、ためになる話をたくさん聞いた。

こうして私は沖縄の模合にはまり、模合があると聞けば「参加させてください」と図々しく頼んでまわった。それ以降、新型コロナウイルス感染症で来られない時期を除き、現在（二〇二三年八月）まで毎年沖縄を訪れ、多くの方と沖縄のあちこちで「模合話」をしたり、模合の集会にも参加したりしてきた。つまり模合のフィールドワークである。そう、本書はその記録報告なのである。

どのように、模合はおこなわれているのだろうか。どんな種類の模合があるのだろう。なぜ沖縄だけが今も模合が活発なのだろう。「世界のウチナーンチュ」も模合をするのか。模合を通してみる沖縄社会の姿はどんなものだろうか。それよりなにより、模合の場は、なぜみんなあんなに楽しそうなのだろうか……。少しでもそんな「模合のヒミツ」を解き明かしてみたいと思った。私は文化人類学という学問を専門としているが、本書は文化人類学の研究書というよりも、調査・研究を通じて出会えた多くの方々の声をもとにまとめた「沖縄模合見聞録」である。

■本書の構成について

「ただの飲み会」と思われている「模合」だが、実は様々な歴史的変遷をへて、現在の姿となった。つまり「模合」を理解するためには、それなりの知見が必要なのだ。しかし幸いにも、これまで「模合」の学術的な研究があり、さまざまな論考が発表されてきた。

本書では、こうした研究をもとに、第一章で、世界のなか、そして日本のなかでの沖縄の「模合」

の位置づけを考え、第二章から第四章までは、琉球王国時代からつづく「模合」の役割をまとめてみた。いわば「歴史編」である。

例えば――「模合」は世界じゅうにあったのに、日本の多くの地域では戦後すたれてしまった。「模合」という言葉はそもそも「金のやりとり」ではなかった。「模合」は「ユーレー（ユレー）」と呼ばれていた。女性こそ、長年の沖縄模合の主役だった。復帰前後のドルから円への換算で、グループはもめた。バブル期の模合は、やはり高額だった。ゴロゴロ模合騒動は繰り返された――このような、知っているようで知らない模合の過去を、第一部ではふりかえってみたい。

第五章から第一〇章までは、いよいよ私のフィールドワークから見えてきた模合の諸相をまとめた「現代編」である。現在の模合に関心がある方は、ここから読んでいただいてもいいかもしれない。そこから見えてきたものは、実にさまざまな理由で模合が始められ、いろいろな人びとが模合を通してつながっている姿だ。

例えば――現在の模合は「ただの飲み会」か、それとも「ユイマール、助け合い」か。親睦模合は、どんなときに始まるのだろう。なぜ、模合仲間と旅行に行くのか。模合で集めたお金は、どういう意味があるのだろうか。「同級生模合」がなあなあになりやすいのはなぜか。政治家が模合をたくさんしているというのはほんとうだろうか。模合のお金を持ち逃げされたらどうするのか。模合仲間はただの友達とどう違うのか。世界のウチナーンチュは今、模合をしているのか――多くの人が教えてくれた、今の沖縄の模合のリアルをみていきたい。

第一一章と第一二章は、沖縄の模合のこれからを考える「未来編」である。模合の最大の危機ともいえる新型コロナウイルス感染拡大は、模合をどのように変えたのだろうか。また最近、コロナに関係なく、沖縄の若者は模合をやらなくなっているという話をきく。若者が模合をやらなくなると、模合はどうなってしまうのだろう。――新型コロナウイルスに見舞われて、模合グループはどう対応したのか。若者はほんとうに模合に関心がないのか。沖縄の「ナイチャー」は模合が嫌いなのか――コロナ禍の模合の状況や、若者など模合と距離をおく人たちに迫り、危機にある模合の未来を考えてみたい。

できるかぎり読みやすく記述したつもりではあるが、これまでの調査研究のまとめでもあるので、特に模合を現在やっている方には、まどろこしい部分もあるかもしれない。そこで今回は、文章の要点でもあり、また読みどころを押さえた「小見出し」を数多くつけてみた。そして次頁には通常の目次とは別に、その小見出しだけの目次を準備した。それらはいずれも模合の世界を知ることのできる断片なので、いわば「模合コラム」として、気になるタイトルから拾い読みしても楽しめるはずである。みんなの模合の場で、「はなしのタネ」として活用していただけたらうれしい。

それでは、いま模合をやっている人も、初めて模合と出会った方も、みんなが知っているようで知らない「模合」をめぐる旅に、これからお付き合いいただきたい。

■〔模合コラム〕はなしのタネ（小見出し）

一章　模合はグローバルな文化だった

二章　琉球王国時代の模合

三章　明治期以降の模合

四章　戦後の模合

五章　現代模合のリアルを知る

六章　同級生模合の世界

七章　さまざまな人をつなげる模合

＊本文中、著者が見聞したものについては、調査時の年月と地域を記している。また例外を除いてお名前はアルファベットで表記している。話者の年齢はすべて、調査時のものである。個人の特定を避けるため、地名を記していないところがある。
＊基本的には「模合」と表記するが、発音に着目しているところは「モアイ」と表記している。ただし本書のタイトルは読みやすさも考慮し「もあい」とした。
＊本文中の写真は、一〇九頁、一一七頁、一三二頁、一五〇頁、二七七頁を除いて筆者が撮影したものである。

第一部

歴史編――模合のこれまで

一章　模合はグローバルな文化だった

前書きを読んで「アフリカ(カメルーン)にも模合があるの？」と驚いた方もいたかもしれない。実は模合のような仕組みは、アフリカだけでなく世界じゅうにある。模合は、グローバルな文化だったのだ。沖縄の模合の話に入る前に、世界や日本全国にあった「模合」と比較して、沖縄の模合の特徴を考えてみよう。

世界のモアイと沖縄の模合を比べると

■世界じゅうにある模合(庶民金融)「ロスカ」

模合のような仕組みは、世界各地、さまざまな名称でよばれている。韓国では「契」、インドネシアでは「アリサン」、フィリピンでは「パルワガン」、インドでは「チット」、中国では「合会」(総称は「合会」、入札方式は「標会」、抽選方式は「揺会」)、メキシコでは「タンダ」、ナイジェリアのヨルバ民族は「エスス」など、枚挙にいとまがない。カメルーンではフランス語で「トンチン」と呼ばれているが、カメルーンでトンチンの伝統をもつ民族は、それぞれの民族語での呼び方もある。たとえば先に紹介したバミレケの人びとは模合のことを「ンシュワ(ンチュワ)」と呼ぶ。

学術界では、英語で「ロスカ(ROSCA：Rotating Savings and Credit Association)」と呼ばれることが多い。世界のこれらの組織を比較研究したアメリカ人文化人類学者ギアツは、これらが農村社会から商業社会への移行期にみられる「中間段階(middle rung)」として機能しているとし、将来はより発展した制度にとって代わられるであろうとした(Geertz 1962：260—263)。この予測から五〇年がたち、沖縄以外の日本の他地域はまさにこのとおり、ほとんどが金融機関にとって代わられた。しかし沖縄をはじめ世界では今も「模合」が広くみられる。

それぞれの国、地域によって、「模合」の運営方法はさまざまだ。メンバーからお金を集め、一人(あるいは複数)のメンバーに渡すという仕組みは同じでも、全員が対面で集まるのか、お金だけを集めるのか、どれくらいの頻度で集まるのか、金額やグループの規模はどのくらいか、金を集める目的は何かなどがさまざまなのである。一方、「模合」の支払いはどこの国でもそれなりに厳格で、着実に支払うことが重視されている。とくに、受領済みの者が支払わなくなると「持ち逃げ」になり、模合そのものが危機に陥るからだ。

■模合は真剣に、真面目に

集会の雰囲気はどうだろうか。カメルーン、バミレケのトンチンはときに娯楽的要素はあるものの、基本的には集会中私語は許されず、脚を組むことも居眠りも禁止だ。担当の者が数十人ときには一〇〇人を超えるメンバーから延々とお金を集める退屈な時間が続くばかり。この厳格な雰囲気は、彼らがトンチンでまとまったお金をつくり、商売や生活を向上させようとする目的の真剣さから来るようだ。一方、インドネシアの「アリサン」の集会は、飲食をともなう親睦や相互扶助が目的で、和気あいあいとした雰囲気があるという。またインドネシア人の多くはムスリム(イスラーム教徒)であるため、小口金融のアリサンでも、コーランで禁じられている利子を取らないか、取ったとしても少額で、その利子はモスクに寄付するという(恩田二〇二〇)。

受け取ったお金の使い道も、国によって異なるようだ。カメルーンのトンチンでは、受け取ったお金はなるべく無駄遣いをせず、自分の生活向上に用いられることが期待されていた。たとえば、商売への投資、土地の購入、子どもの学費などが好ましい。一方、沖縄での模合のお金の使い道はもちろん自由だ。しかし沖縄での使い道として、「車検の支払い」と答える人が多い。沖縄の生活必需品ともいえる自家用車の必要経費に模合のお金が使われているとすれば、やはり模合は生活の維持・向上に役立っている。

社会学から見た模合の比較研究

社会学者の波平勇夫氏(以下敬称略)は、沖縄の模合研究の第一人者である。波平は模合を、韓国の契、中国の標会、インドネシアのアリサン、台湾の会仔など、アジア各国の模合と比較している(波平一九九八、二〇〇一、二〇〇六、二〇一一、二〇二〇)。これらの国々の模合は、それぞれに特徴が異なる。たとえば韓国の契は、同じ村落内からメンバーを選ぶなど集団志向が強い。中国の福建省の標会は、親(会の代表者・責任者)の家で集会をおこなうことが多く、集会には全メンバーではなく落札希望者のみ集まる。そのため、メンバーの相互関係より親と子（代表者と各メンバー）の個人的関係が重要である。台湾の会仔は職場などで組織されることも多いが、福建省と同様、メンバー同士の関係よりも親と子の二者関係が重視されている。インドネシアのアリサンは規模が大きいことが特徴で、メンバーが一〇〇人を超えることも少なくなく、出入りが自由であるなど、ゆるやかな組織である。

波平はこれらアジアの模合と比べ、沖縄の模合の特徴は、基本的には相互扶助組織であり、対等な個人の結合体で、信用が重要なために組織規模が小さく、私的領域で発達してきたと述べている（波平 二〇〇一：一九）。

同じく社会学者の恩田守雄氏（以下敬称略）もまた、アジアの「模合」と比較するなかで（恩田 二〇一七、二〇一九、二〇二〇など）、沖縄の模合は、やはり限られた範囲で相互扶助的におこなわれる傾向があるという（恩田 二〇二〇）。

このように、二人の社会学者によるアジア諸国との比較研究から、沖縄の模合が比較的小規模で、顔が見える対等な関係を結び、互助的におこなわれてきた点に特徴があるといえる。

また恩田は、世界のどの国、地域でも、模合のような組織が「生活の知恵」から生み出され、「共生互助組織」としての性格を維持し続けているという（恩田 二〇一七）。模合が世界じゅうで今も盛んなのは、人びとが生活のなかで助け合っているからだろう。そして、現代日本では変わった風習（？）にみえる沖縄の模合が、世界では当たり前のグローバルな文化であることもわかる。

日本の頼母子講・無尽講の移り変わり

■津々浦々にあった頼母子講・無尽講

次に、沖縄の模合にあたる日本全国の頼母子講・無尽講もみておこう。無尽といえば、一九九〇年代に流れていた某消費者金融会社の「ラララむじんくん♪」のCMを思い出す人もいるだろう。あれは、人と対面しない自動契約機の「無人」と「無尽」をかけていたらしい。なお沖縄県のなかでも、東日本(八丈島)の影響が強い南大東島では、模合でも頼母子でもなく、無尽と呼ぶそうだ。

頼母子講・無尽講の起源は少なくとも平安末期から鎌倉時代初期にさかのぼり、すでに八〇〇年以上の歴史をもつ。頼母子講・無尽講のおおもとの構造は、成立当初から近代までほとんど変わっておらず、それほどこの仕組みはシンプルがゆえに完成度が高かったといえる。近世以降、頼母子講は農村金融として全国に普及していった。頼母子講や無尽講は、貨幣だけでおこなわれていたわけではなかった。沖縄の模合もそうだが、茅を集めて屋根を葺く「茅頼母子」や、年貢を納めるためなどに米を貯蓄し合う「米頼母子」などが発達し、貨幣が普及すると貨幣もそこに加わったのである(森嘉兵衛 一九八二など)。

頼母子講や無尽講は、明治時代になると営利企業化したものが現れた。その代表格が営業無尽で、「無尽会社」の形をとった。無尽会社は一定の口数と給付金額を定め、加入者を集めて定期的にその掛け金を払い込ませ、抽選や入札などで、一口ごとに受給者を選ぶ。無尽会社はブームとなり、全国であいついで設立された。しかし悪質な無尽会社も多かったため、一九一五(大正四)年に無尽業法が試行され(一九三一年に全面改正)、最低資本金が制定されるなど免許制となった。それにより二〇〇〇を超えていた無尽会社の数は、大正・昭和初期には二〇〇台になり、さらに政府の合併促進策などのため、太平洋戦争終戦時には約六〇社まで減っていた。しかしその影響力は残り、一九五一(昭和二六)年でも、無尽会社は、中小企業への融資で銀行に次ぐ一六%を占めていた(松尾 二〇一二、全国相互銀行協会 一九七一)。

その無尽会社の金融的役割の大きさから、一九五一(昭和二六)年に相互銀行法(現在廃止)が制定されると、無尽会社は中小企業専門の金融機関として相互銀行に生まれ変わった。二〇二二年現在、唯一、三菱UFJ銀行系列の「日本住宅無尽株式会社」のみが、無尽会社として存在している。さらに一九八九(平成元)年から、相互銀行は普通銀行(第二地方銀行)へと転換した。

■沖縄にもあった無尽会社

沖縄にも無尽会社はあった。「無尽会社があったことを覚えている」という人にも会ったことがある。明治後期や大正時代に開業した無尽会社は、全国同様、一九一五(大正四)年に公布された無尽業法の影響を受けた。また戦後の一九四九(昭和二四)年に、米国軍事政府が設立した無尽会社もあった。

これら無尽会社は商号を変更したり、合併を繰り返したりしながら存続した。そして一九五三

(昭和二八)年に相互銀行法が施行されると、すべて相互銀行となった。沖縄海邦銀行は、一九八九(平成元)年、沖縄相互銀行が普通銀行に転換して生まれた銀行である。また沖縄銀行も、無尽にルーツをもつ複数の相互銀行を吸収・合併してきたことから、無尽会社と無縁ではないといえる(沖縄大百科事典刊行事務局 一九八三：六三四、金岡 二〇二〇)。

■頼母子講・無尽講は第二次大戦後に急激な減少へ

さて、ふたたび全国の頼母子講・無尽講に戻ろう。無尽会社はともかく、庶民が有志でおこなっていたような小規模な頼母子講・無尽講はどうなったのだろうか。農林省經濟更生部は一九三四(昭和九)年、全国の頼母子講を調査しており(農林省經濟更生部 二〇〇四(一九三五)：三七九)、九六七七市町村(総市町村数の八割三分)から回答があった頼母子講の数は三〇万近くにのぼっている(農林省經濟更生部 二〇〇四(一九三五)：二九九)。

「地方別頼母子講負債額」(すでに受領した人が今後返済すべき金額)の多い県は一位が山口で、二位福岡、三位長野と続き、意外にも沖縄県は二〇位であった。一方、一市町村当たりの講数は、約二五五の沖縄が、二位の山口の一六六を大きく引き離し一位である。また一市町村当たりの講加入者数も、沖縄が二一二六人(総加入者数は一一四七八一人)と一位、二位の鹿児島(一二三〇人)に大きく差をつけている(農林省經濟更生部 二〇〇四(一九三五)：三八二―三八三)。

また沖縄は、一講当たりの講金の少ない県ランキングで五位、講数の増加が大きい地域としても、北海道に続く二位である。この当時の、北海道や沖縄の金融機関整備の遅れもあったのだろう。まとめると、他県に比べて沖縄は頼母子講(模合)の金額は低いものの、講や加入者数はトップクラスで、当時から全国的にみても模合が盛んな地域だったといえる。

一九三四(昭和九)年当時、沖縄を含む全国で頼母子講(と無尽講と模合)が盛んだったことがわかるが、とくに第二次大戦後、多くの県では急速に衰退してしまう。しかし先の社会学者の恩田は、それらは完全になくなったのではないという。山梨県のように無尽講(頼母子講)が表立っているところもあるが、多くは親睦のため、あるいは簡便な金融の役割を果たすセイフティ・ネットとして、ひっそりと地域に息づいているという(恩田 二〇一七)。

たしかに私自身、鹿児島県で、旅行積み立てをしているグループや、同級生や友達と毎月集まって模合をしていると話す人に出会った。鹿児島でも今は親睦模合が多いようだが、「むかしはこれで子育てしたり、学校に行かせたりしてきた」と語る人もいた(七〇代・女性・二〇一二年八月・いちき串木野市)。また、那覇で出会った長野県出身者や宮古島で出会った山梨県出身者が、故郷で今も「無尽」がおこなわれていると話していた。今では、頼母子講や無尽講という言葉さえ知らない若い人も多いが、全国でも完全になくなってはいないのだ。

■「模合」は広辞苑には載っていない

沖縄で、「模合」という言葉が『広辞苑』に掲載されていないという話(不満?)をときおり耳にする。実際、最新の『広辞苑』(七版：二〇一八年発行)にも記載がない。

一方「モヤイ」は、船と船をつなぎ合わせるという意味の「舫い」と、二人以上のものが一緒に仕事をする、あるいは部落内の共同作業としての「催合」という二つの意味が掲載されている。「舫い」は、「相互扶助の運航方式」（櫻井 一九八八：四一四）であり、現在でもこの方法で漁をしている地域があるという。

しかし、「舫い」でも「催合」でもなく、「模合」という漢字があてられたのは、薩摩（鹿児島）の影響が考えられるという（那覇地方裁判所・検事局 二〇〇四（一九四二）：三六三、波平 二〇〇八：一三七）。実際、沖縄と同様に模合と呼びならわしてきたとされるのは、鹿児島、そして宮崎、岡山だという（池田 一九三〇：九九、北島 一九七二：一〇〇）。鹿児島では、発音は「もあい」ではなく「もえ」が一般的のようだ。

福岡では「用會（もあい）」と呼ばれていたこともあるらしい（芳 一九八〇：四）。このように「模合」を使うのはおもに南九州と沖縄である。では、模合という言葉はどこから来て、どのような意味をもっていたのだろうか。

相互扶助（ユイマール）としての模合

■貨幣を用いない模合もある

沖縄の模合は先述のとおり、相互扶助組織としての性格をもつ。波平によれば、広義の模合とは、「相互扶助や共生を目的とした共同行為」（波平 二〇〇一：一三）である。模合は古くは「模合墓（共同墓）」や「模合地（共有地）」のように、寄合、共同の意味で用いられてきた（波平 一九九八：二六―

二七)。そして人びとは長らく、貨幣を使わずに模合をおこなってきた。たとえば、共同で茅を持ち寄り共同体成員の家をみなで造る「茅模合」や、家や墓造りのために労務を調達する「日間模合」があげられる(波平 一九九七:二三五)。恩田もまた、貨幣経済が浸透する以前の模合は、労力提供や物品供与などの形でおこなわれていたと述べている(恩田 二〇〇六:四四、三〇六—三〇七)。

つまり、共同体のなかで労力やモノなどを集め、それを仲間うちで順番に受け渡すというその助け合いの仕組み(模合)に、あとから貨幣が加わったのである。波平が述べるように、経済的共同行為、つまり貨幣を用いた現在の模合は、模合の一部に過ぎない(波平 一九九八:五—六、二〇〇一:一四)。貨幣より先に、模合の仕組みこそがあったのである。

■「ユイ」と「モヤイ」の違い

『互助社会論』(二〇〇六)は、恩田が日本各地の互助をまとめた大著で、沖縄についても、模合を含む相互扶助が論じられている。恩田は、日本の互助行為を協同労働(モヤイ)、交換労働(ユイ)、無償労働(テツダイ)の三つに類型化している(恩田 二〇〇六)。

全国でみられる交換労働ユイ(結)は、最広義には共同生活圏の結合、広義には互酬的行為、狭義には交換労働・労力結合である(恩田 二〇〇六:三八—四二)。「互酬《ごしゅう》」とは、してもらったら自分も相手に返す、というやりとりのことである。沖縄では「ユイマール(地域によってはイーマールや単にユイなど)」にあたる(恩田 二〇〇六:三五)。現在の沖縄でのユイマールは「助け合い」や「相互扶助」という広い意味で使われることが多いが、狭義には「互酬的」な労働交換を指していた。サトウキビの刈取り、製糖、畑の耕起、田植えや収穫、家造りなどにおいて、近年まで広くユイマールが利用されてきた。この経験を持つ人は、一定の年齢層より上に多い。

糸満市K集落の一九二九(昭和四)年生まれの女性の模合に参加したとき、ユイマールの思い出が語られた。「若い頃は男も女もユイマールをやった。楽しかったよねー」とある女性がいうと、ほかのメンバーもうなずき、「そのおうちで飲んだり食べたりした」「昔はユイマールで家も建てた」とのことで、ユイマールは楽しい記憶として残っているという(二〇一三年八月・糸満)。六〇代の男性Aさんも糸満市(M集落)で育ち、子ども時代(昭和三〇年代)のユイマールの記憶がある。大人たちはサトウキビのユイマールをしており、収穫が終わると畑の持ち主が、手伝ってくれた人にヤギ汁をふるまった。子どもたちはこれを聞きつけ、収穫時期にはあちこちの畑で四~五回くらいヤギ汁にありつけたという。手伝っていない人にも、「とくに子どもには必ずふるまってくれた」という(二〇一三年三月・那覇)。

労働交換(交換労働)というと苦しい義務に思えるが、当時の楽しいイベントでもあったのだ。ユイマールでは作業のリズムをとるため、様々な労働歌が歌われてきたことも、その作業を楽しいものにしていたのかもしれない(恩田 二〇〇六：三〇六など)。ハーベスターなどの収穫機械が導入された現在、ユイマールはほとんどの地域でみられなくなっている。

さて、模合とユイの関連を考えてみよう。順番に全員が受益して一回りするユイ(マール)の仕組みは、メンバーが順番にお金を取っていく模合の仕組みと似ている。ユイマールのメンバーが基本的に対等であることも、模合メンバー同士の関係に似ている。先に述べた、家や墓造りのため労務を調達する「日間模合」とはまさにユイマールである。

■模合はユイとモヤイをつなぐもの

一方、モヤイについて恩田は、最広義は共同生活圏の共有をさし、広義には再分配的行為、狭義には協同労働であるとする（恩田 二〇〇六：四二―四六）。端的にいえばモヤイとは「力を一つに合わせることを意味」（恩田 二〇〇六：四二）し、「もやい仕事」という言葉に代表されるように、共有・協働が軸である（恩田 二〇〇六：二九八）。

模合という言葉は、このモヤイにも近い。たとえば模合墓は、『沖縄大百科事典』によれば、（村落共同墓から抜け）気の合う者同士が経費を出し合って造る墓、寄合（ユレー）墓とも呼ぶと説明されている。模合墓は、明治時代、村落での模合が盛んだった時代に造られたものが多いという（沖縄大百科事典刊行事務局 一九八三：六五八―六五九）。つまり気の合う者同士で「狭義の模合（貨幣をもちいたもの）」で費用を捻出し、モヤイ仕事として共同で模合墓を建設・管理していたことになる。

一方、多良間島に近い水納島では、土地が狭小で墓が造られていなかったため、一七六六（乾隆三一）年、島に墓を建て放置されていた人骨も含めて収納する墓を造り、それが模合墓と呼ばれた（波平 二〇一七：一一三）。これは、多くの人の遺骨をまとめて設置した共同墓としての模合墓である。

このように、共同行為としての模合は「モヤイ」に近く、集めて順番に受け渡す仕組みとしての模合は、「モヤイ」より「ユイ」に近い。

ただし恩田も述べているように、もともとモヤイとユイ、さらにはっきりした見返りを求めない扶助行為「テツダイ」（沖縄本島ではウヤギー）も、日常生活のなかできちんと区別できるわけではない。結果として、自分の行為がユイになったり、モヤイになったり、テツダイになることもあるだろう。「模合」もまた、その境界をまたぐものだといえる（図1）。

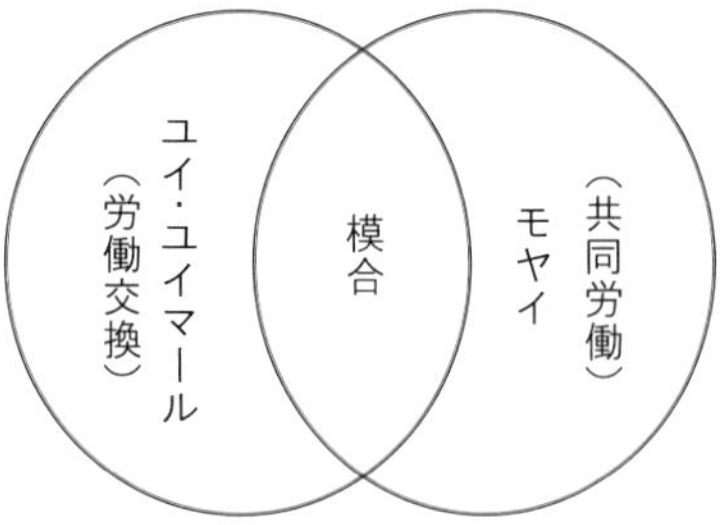

図1　ユイ・ユイマール、模合、モヤイ

ユーレーから模合へ

■ユーレーは「寄り合い」

大正時代に官吏として沖縄に赴任し、沖縄社会の調査をした経済学者の田村浩は、『琉球共産村落之研究』（田村　一九六九）のなかで模合について記している。田村は、「模合《モアイ》は無盡または頼母子講とその性質異ならず昔時は之を寄合Yureiと称したり、寄合は共同して相互扶助をなし金銭上の融通を行ふものにして琉球にありては特殊的に発達し来れるものなり」（田村　一九六九：四〇三―四〇四、カタカナをひらがなに、旧漢字を筆者改め）としている。これが、田村が調査した大正時代の状況だとすると、この当時少なくとも「模合（モアイ）」の呼称が広まっており、また「昔時は之を寄合Yureiと称したり」と書かれるほど、「寄合（ユーレー）」（ユレーともいうが、本書ではユーレーに統一）という呼称がすでに古いものとしてあったことがわかる。

恩田は、「ユイもモヤイも、人の団結とその集まり(寄合)によって一人ではできない特定の目的を果たす合力、団結という点では共通」(恩田 二〇〇六：四四)し、寄合からユイとモヤイが派生したとしている。実際、村落での共同作業を「ユレー仕事(ユレーシグトゥ)」と呼ぶ地域がある(たとえば豊見城市史編集委員会 二〇〇八)。

「寄合」は、琉球王国の歴史書『球陽』巻十五の一七六四(乾隆二九)年の記述にも注として出てくる。この箇所では、小禄郡宇榮原村の金城親雲上が褒章された理由が列挙されている。「親雲上」は中級の士族に与えられる称号で、金城親雲上はこの地域の富裕層であったと考えられる(波平 二〇一七：二六)。

金城親雲上は、「奴僕に於けるや、己の田を分ち与へ、又銭五十貫を給して以て揺会(俗に寄合と称す)を為さしむ。未だ数年ならずして各々身を贖うことを得たり」(球陽研究会 二〇一一：三六五)、つまり金城親雲上は奴僕に自分の田を分け与え、五〇貫の銭を与え「揺会」をさせたという。家僕たちはそのおかげで数年で身を贖えたという美談である(波平 二〇一七：二二)。

揺会(原文では揺會・ようかい?)は、現代の中国では抽選方式の模合を指し(熊 二〇〇四)、また清の村落社会で広くみられた民間金融制度であったという(波平 二〇一七：三二、清水 一九五一：五〇〇—五一二)。そうだとすると、琉球王府は清との関係から、公称として「揺会」を用いていたのだろうか。「俗に寄合と称す」(原文：俗稱寄合)という揺会への注が、本文と同じ一八世紀の半ばに書かれたとすれば、この当時すでに一般には「寄合」(ユーレー)と称されていた可能性がある。

■ユーレーから模合《モアイ》へ、呼び名が変わった

模合を「ユーレー」あるいは「ユーレー（ユレー）グヮー」と呼んでいたのはいつ頃までなのだろうか。郷土史家の知念良雄氏（以下敬称略）によれば、少なくとも戦前の庶民はモアイと発音することはなく、ヤマトゥグチと考えられていた（知念 二〇〇六（一九九五）：八四―八八）。私自身も、公設市場界隈で出会った八八歳の女性から、「模合（モアイ）は標準語。昔は模合とは言わないで、ユレーグヮーと言っていた」という話を聞いた（二〇二三年三月・那覇）。ヤマトゥグチや標準語としての「模合」が使われ始め、徐々に「ユーレー」という呼び名は古いものになっていったのだろう。

ただし、ユーレーから模合（モアイ）へと呼び方が変化した時期には、地域差があったようだ。『沖縄の模合』（一九七五）の著者の与那堅亀氏（以下敬称略）は、一八九一（明治二四）年本島南部大里村の生まれで、幼少期には模合のことを「ユレー」と呼んでおり、当時、模合という呼び方は「首里、那覇等で広く使われていたようである」（与那 一九七五：六）と記している。想像だが、当時那覇あたりにいた鹿児島の寄留商人は「模合」を鹿児島なまりで「モエ」と呼び、那覇の人びとは「モアイ」でなく「ムエー」と言っていたのだろうか。

恩田は「ムエー」という言葉について、「戦後は一般にムエーと言う人も多いようである」（恩田 二〇〇六：三一〇）と述べているが、知念は、戦後「ムエー」が死語になってから、「モアイ」が一般的になったと述べている（知念 二〇〇六（一九九五）：八七）。たしかに知念のいうように現在「ムエー」は一般的ではないが、「死語」でもない。私自身、沖縄本島の模合で、ときおり「ムエー」と呼ばれるのを聞くことがある。たとえば糸満では、もう「ユーレー」とは言わないが、「ムエー（グヮー）」

は今でも使うという(六〇代・女性・二〇一三年八月・糸満)。

知念は、道や橋の工事をおこなう「人足(ニンスク)ムエー」や開墾された「ムエーヂー(模合地)」など、勤労奉仕を指す言葉が「ムエー」であって、たんに模合(モアイ)がウチナーグチに転じたものではないと述べる。つまり知念は、先に述べたような「相互扶助や共生を目的とした共同行為」である「模合」こそがムエーであり、ユーレーとは異なるものだと主張する。そして、頼母子講と同様の金銭を用いた「模合」という語が入ってきたため、ムエーとユーレーの区別ができなくなってしまったと推測している(知念 二〇〇六(一九九五):八九—九〇)。また知念は、ユーレーは単なる「寄り合い」ではなく、「結いの心」を込めた「結いの代金」(ユイ・デー)がなまったものではないかと述べる。彼はムエーだけでなく、ユーレーから模合(モアイ)に変わったのも、戦後、ウチナーグチが衰退したからではないかと推測している(知念二〇〇六(一九九五):八八—九〇)。

このように、ユーレー、ムエー、モアイという三つの呼び方については諸説ある。ただ、沖縄本島では長らくユーレーが金銭などを寄せ合って受け取る仕組みを指す呼称であり、ムエーを経て、戦後は模合(モアイ)という呼び方が主

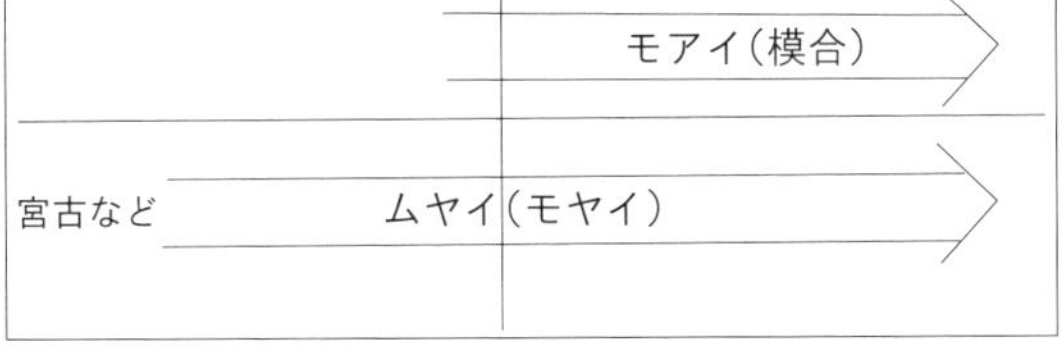

図2　ユーレー、ムエー、ムヤイ、モアイ名称の変遷

流になってきたといえるのではないか。

なお、宮古島にはユーレー（ユレー）にあたる言葉はないようだ。一方、八重山諸島ではユーライという古語があるという（恩田 二〇〇六：四三）。また、石垣島ではムヤイやムエイ（ムエー）と呼ばれることもあり（恩田 二〇〇六：三三五）、宮古島でもムヤイ（モヤイ）という人は多い。

模合にまつわる言葉あれこれ

■模合は「取る」

模合が発展するなかで、さまざまな模合用語が生まれた。ここで、それらの用語と仕組みをまとめてみよう。模合のお金を受け取ることを、「模合を取る」という。先述の与那賢亀は明治生まれで、次のように記している。「昔から、『模合を取る』という言葉が使われている。なかなか表現も面白い。衆知（原文ママ）のように模合はその前半は、少なくとも自己の積立金（掛金）よりも借り受ける額が多い。当然、借りるというべきを取ると言い負債という語感がない」（与那一九七五：一三）。

模合では、前半に取る人は出した金額より多く受け取り、「借りる」要素が大きい。一方、後半になるほど自己資金の割合が高くなるため、「借りる」という表現はそぐわない。だからこそ、受け取り順に関わらず使える「取る」が使われるのだろう。

模合には、日掛け、月掛け、年掛けのペースがある。日掛け（日模合）は毎日おこなわれ、日銭が入る商売人などに人気があったが、今はあまりおこなわれていないようだ(日掛け模合のやり方は通常の模合とは異なるが、それについては第三章参照)。年掛け(年模合)は一年に一〜四回ほどおこなわれるもので、かつては農作物の収穫期などに合わせて年掛け模合が多くみられた。現在、親族などで年に数回集まり、比較的大きな金額で模合をおこなうグループもあるようだ。月掛けは毎月おこなうもので、現在の主流は、圧倒的にこの月掛け模合である。

模合が一巡する期間は現在一年程度が好まれるが、明治期までは、数年、ときには一〇年以上かけて一回りすることも珍しくなかった。

■模合は「起こす」

模合を始めることを、「模合を起こす」という。そして起こす人を発起人《ほっきにん》と呼ぶ。発起人は、座《ざ》元《もと》や親《おや》と呼ばれることもある。かつては勢頭《せど》や手許《てもと》(手元)とも呼ばれていた(与那　一九七五：一)。座元はもともと模合の会場である模合座(もあいざ・むやいざ)の主という意味があり(知念　二〇〇六(一九九五)：九三)、単なる発起人というより模合の責任者である。

座元は運営する模合の責任を負うかわり、利点もある。利子が付く模合の場合、ふつう、早く取るほど高額の利子を支払うことになる。しかし座元は、初回に無利子でお金を取ることができる(現在、このルールを適応しないグループもある)。過去には、座元が返済なしに初回分を総取りしていた時代もあったという(那覇地方裁判所・検事局　二〇〇四(一九四二)：三七二、与那　一九七五：一、七五—七六)。

座元が優遇されるのは、二つの理由があると思われる。一つ目は、発起人としての座元は、たいてい「まとまったお金」を必要としているからである。よって、ほかのメンバーは発起人を助けたいと参加し、座元に最初に無利子で取らせる。つまりこれは、相互扶助的な理由となる。二つ目の理由は、座元が模合の責任を負うと考えられているからである。座元はグループにトラブルが起こると解決にあたり、不払い者が出れば自腹を切ってでも弁済することが望ましい。それができないからといって、法的に罰せられることはないが[1]、道義的な責任は発生する。

■座元・幹事の仕事

現在の模合では座元がいないグループが多い。しかし、高額の模合には座元がおり、その人物を信頼して参加を決める人も多い。つまり、座元は依然模合の責任者として期待されている。

また座元はいなくても、お金を集め記帳をおこなうなど、「まとめ役」（幹事や会計などと呼ばれる。ここでは幹事に統一）を決めているグループは多い。グループによって、幹事は任期制だったり、同じ人がずっと続けていたりする。幹事は、市販の模合帳簿（写真）や普通の大学ノートなどに、全メンバーの名前と金額、日付、受領者名などを記録する。自作のエクセル表を用いたり、iPadなどのタブレットに記入している人もいた。幹事はおカネの管理以外に、欠席しがちな人に連

1　ただし一九六五（昭和四〇）年の中央巡裁では、「模合は未納者がいたら、座元が肩代わりして給付する責任がある」との判決があったという（琉球新報「きょうの歴史　二月二五日」二〇二二年二月二五日の記事）。

絡をしたり、新たな加入希望者を吟味しメンバーに了解を取って加入させたりと、さまざまな調整をする。

　模合が高額で利子の複雑な計算をしたりする場合はとくに、幹事の仕事は手間がかかる。そのためあまり多くはないが、幹事役に「幹事料（書記料）」を支払う場合もある。宮古島のある地域の模合グループでは、取った人の総額から幹事料二〇〇〇円が引かれていた（二〇一二年八月・宮古島）。読み書きのできない人が多かった戦前には、高校生などにアルバイト料を払い記録させていたグループもあったという（知念 一九九〇：九四）。

文房具売り場の二種類の模合帳
(2022 年 2 月・那覇)

　親睦模合では、幹事役を毎回交代するグループもある。女性だけ、あるいは女性メンバーが多い模合グループは、集まる飲食店を固定せず毎月違った店でおこなうことが多いという。いろいろな店で毎回違う料理を食べるのが楽しみ、ということだ。その場合、その月に取った人が翌月の幹事となり、飲食店を決めて予約し、メンバーに連絡する。グループによっては模合帳も次の幹事に受け渡され、記録する役割も負うという。

　取った人が支払わなくなる持ち逃げ行為を防ぐための「保証人」制度は、古くからあった。高額の模合であれば、受け取るときには必ず保証人を立てていた。宮古島の女性Ｉさん（五〇代）は、父親が模合の保証人になり苦労していたことを覚えているという。父親は支払えなくなった知人のために大金を支払ったり、模合のかたに畑を譲渡されたりしていたという（二〇一二年二月、二〇一三年三月・宮古島)。現在、よほどの高額でなければ保証人を立てることはないようだ。

■模合金は「送る」「掛ける」

模合への出資金は、「模合金《もあいきん》」と呼ばれる。ただし、模合金を出したかどうかをたずねるときに、「模合はもう出した?」といったりする。そのため、「模合金」といわなければ通じないわけではない。一方、模合で受け取る受領金に決まった呼び名はない。先に述べたように「模合を取る」ともいうから、「模合」そのものが受領金を指していることになる。つまり「模合」という言葉は、「模合に行く」、「模合を取る」、「模合を起こす」、「模合を出す」のように、集会、活動、仕組み、やりとりされるお金など幅広い意味を含んでいる。

模合の受領のサインをする(那覇)

なお、模合に支払う模合金は、二種類に区別できる。かつては、すでに取った人やその人が支払うお金を「送り前《ウクイメー》・送り目」と呼び、これから取る人やその人が支払うお金を「掛け前《カキメー》・掛け目」と呼んで区別していた(与那 一九七五:一、多良間村史編集委員会 一九九三:五九、知念 一九九〇:九四—九七など)。すでに取った人を「送り人」、これから取る人を「掛け人」と呼ぶこともあった(与那 一九七五:一)。さきの「取る」ではないが、借りるや貸すといった表現を避け、「送る」や「掛ける」という表現が好まれたのだろう。ただ、現在の親睦模合では、送る、掛けるという表現はあまり使われていないようだ。

模合を複数掛ける場合、たとえば一口、二口など、その数を「口《くち》」と呼ぶのが一般的だが、八重山では「株《かぶ》」ともいうようである（石垣島史編集委員会 一九九四：四九三、九〇代・男性・二〇二二年六月・竹富島聞き取り）。

模合は「座」である

模合座で飲食する費用は、場代《ばだい》、宮古島では座料《ざりょう》とも呼ばれる。飲食店が豊富な現在の都会では集まる場所に事欠かないが、かつては座元やメンバーの家を持ち回りでおこなわれることも多かった。居酒屋などがない地域では、現在もメンバーの家や公民館などで模合がおこなわれている。ちなみに、座元、座料、模合座という呼び名は鹿児島とも共通する（芳 一九八〇：五二―五四）。

座料・場代は模合金とは別に徴収したり、模合金から差し引いたり（たとえば一万円から二〇〇〇円の座料をひき、八〇〇〇円が実質的な模合金となる）、取った人の受領金からメンバーの座料の全額あるいは一部を差し引くなど、グループによりさまざまだ。たとえば、友人九名・一万円の模合で、本来九万円もらえるところ、全員の飲食代の二万五〇〇〇円が引かれて六万五〇〇〇円を受け取るグループがあった（二〇一六年一月・宮古島）。金額的にみれば、その日のメンバー全員の飲食代を取った人が負担したともいえるし、本人が普段は無料で飲食し、受領するときにまとめて支払っていると考えることもできる。

また、欠席者から少なめの金額であっても、座料・場代を徴収するグループもある。それは、「欠席はなるべくしないでほしい」というグループの方針を表しているという。とくに親睦目的のグループには、「お金だけ出して出席しないのは良くない」という了解がある。

■模合の利子の付け方と入札

多くの親睦模合のグループは利子(利息ともいうが、本書では利子に統一)を取らないが、少し高額になると利子も付く。模合の利子の集め方や支払い方は、銀行とは異なる。というのも模合には、銀行のような中心的な貸し手がいないからである。模合でよくあるのが、すでに取った人が次回の集会から、模合金に一定の金額(利子)を付けて支払う方法だ。このようにあらかじめ一定の金額を設定することで、入札方式のような利子の高騰が抑えられる。

もう少し詳しく、模合の定額利子の仕組みを説明しよう。一万円の模合金で一〇人の模合グループがあるとする。利子が付かない場合には、全員が均等に一〇万円のお金を取っていく。そこに、利子を定額で一〇〇〇円付けることとしよう。取った人は、一〇〇〇円の利子を支払っていく。まだ取っていない人は模合金の一万円だけを出し、すでに取った人は一万一〇〇〇円を出していく。この一〇〇〇円はそのまま、その回に取る人の利子になる。一回目に受け取ったメンバーの受け取り額は一〇万円だが、支払い額は一〇万九〇〇〇円となる。逆に、最後一〇回目に取る人は支払い額は一〇万円だが、自分以外のメンバーから利子一〇〇〇円を受け取るため、受け取り額は一〇万九〇〇〇円となり、受け取る利子は九〇〇〇円だ。

利子の付け方として、入札方式もある。入札方式とは、もっとも多くの利子を付けた人が模合を取る方法である。たとえば、その日取りたい人が複数人いる場合、その全員が紙に支払ってもよい利子の金額を書き、一斉にみせあう。そこで最も多く利子を付けた人が取る。同額ならくじやジャンケンなどで受領者を決める。

また利子の付け方には、「上げ模合」と「下げ模合」のやり方があるとされる。この呼び方は宮古島では知られているが、沖縄本島では「聞いたことがない」という人が多い（ただし名前は知らなくても、二つのパターンあること自体は本島でも知っている人はいる）。

「上げ模合」は先の例のように、取った人が利子を上乗せして支払うものである。一方、「下げ模合」は、受領者が支払い利子として受領金を減らす方法である。

たとえば先と同様に一万円模合を一〇名でおこない、利子が一〇〇〇円の定額としよう。

一回目に受け取る人は総額一〇万円を受け取るが、その場でメンバー九人それぞれに一〇〇〇円の利子を支払う。利子総額は九〇〇〇円なので、実際手元に残る総額は九万一〇〇〇円となる。

最後の人は、自分の回以外は実質九〇〇〇円しか支払わないので、合計九万一〇〇〇円を出して一〇万円をもらうことになり、得た利子は九〇〇〇円となる。つまり利子の合計は、上げ模合と変わらず九〇〇〇円だ。

このように、受領金から利子分をひいて（下げて）取るのが「下げ模合」である。

利子の駆け引き

仕組み的に、下げ模合は受領金から利子を引くので、入札でも利子が高騰しにくい。一方、上げ模合は入札にすると、利子が高騰しやすい。那覇に暮らす自営業の五〇代男性Aさんは、「下げ模合」という言葉は使わないがやり方は知っている。下げ模合のように受領金から利子を引くのは、「手取りは減るけど決まった金額を支払えばいいので、楽っちゃ楽」だという。Aさんの言うとおり、上げ模合は利子を余分に支払う必要があるが、下げ模合はもらえる金額が減るだけで、模合金の支払いは増えない。またAさんによれば、下げ模合は「信用のあるメンバーとしかできない。儲からないから。だから、取っても取らなくても良いというメンバーが集まる。つぶれる可能性が少ない」という（二〇二三年五月・那覇）。

逆にいえば、利子が高くなり過ぎると模合の継続性が危ぶまれる。「利子目当ての人が多く集まる」からである（七〇代・男性・二〇一六年一月・宮古島）。そのため現在下げ模合のほうが好まれているが、景気のよかった時代は上げ模合が主流だったという。現在も上げ模合をしている宮古島の六〇代男性によれば、参加している五万円の上げ模合では、利子の下限は二〇〇〇円だが上限はないという（二〇一八年六月・宮古島）。

金額が大きい場合にはリスクを減らすために下げ模合、金額が小さい（たとえば二～三万）模合では上げ模合と、金額によって変わると話す人もいた（六〇代・男性・二〇一八年六月・宮古島）。ただし、「ビジネス的なもの」は上げ模合が多いという。なぜなら下げ模合は利子の分受領金が減ってしまうため、資金調達の目標金額に届かないことが起こりえるからだ。

■積み立て方式と割り戻し（配当）方式

先にも述べたように、模合には銀行のような中心組織がないため、受領者が支払う利子は、そのまま未受領者の受け取り利子になる。

利子の支払い方は、「積み立て・積み上げ方式」と「割り戻し・割り返し（配当）方式」の二種類があるという。積み立て方式は上げ模合の事例のように、取った人が利子を次回から毎月支払う方法である。一方、割り戻し方式は先の下げ模合の事例のように、受領者が、支払うべき利子の合計をその日の受領金から差し引いて、その場で未受領者全員に一括で配る方法である（たとえば、多良間村史編集委員会 一九九三：五九など）。なお「割り戻し」という言葉は、単に利子が支払われることを指す場合もある。

以上、那覇周辺と宮古島においての聞き取りや文献から、模合の仕組みと用語をまとめてみた。ただ、地域によっては、これとは別の呼び方や方法もあるだろう。模合そのものの仕組みは本来シンプルだが、地域や時代の必要からさまざまな工夫がなされ、独自の方法やルールが加わっている。

次章からは、模合の過去を琉球時代までさかのぼって考えてみたい。もちろん琉球王国時代から模合は存在していたのである。

二章　琉球王国時代の模合

歴史学者ではない私の力量を超えるのは承知のうえで、第二部の「現代編」を読むにあたって押さえておきたい模合の過去を、文献を引用しつつみていきたい。模合の過去を知れば、何気なくそこにある模合が、歴史のなかでさまざまな試練を受けながら今日まで続いてきたこと、また、人びとが生きるために模合を活用してきたこと、つまりは、沖縄において模合は、生活と切っても切れない大切なものだったことがわかってくる。

模合に関する古い記述

■『球陽』に出てきた「模合の法」

模合という言葉がはじめて歴史に登場したのは、琉球王国時代である。琉球王府の正史『球陽』(巻十三)の一七三三(尚敬二一・雍正一一)年の記述に、困窮した士分を助けるため米を寄せ合うことを定めた「模合の法」が出てくる(球陽研究会(編)二〇一一:三〇七)。

社会学者の波平勇夫は先駆的な論文「近世琉球の模合」(波平 二〇一七)でこの「模合の法」につ

いて、「支給米の一部を共同倉庫に貯蔵しておき、たとえば支給米から二・三〇石あるいは四・五〇石を共同で貯蔵しておき、困っている人に順次支給して緊急事態に対処することを手伝うというもの」（波平 二〇一七：二〇）と説明している。順次支給するという部分は、現在の模合のように輪番で受給する仕組みであることもうかがえる。これ以上具体的には、この模合の法がどのように運用されていたのかはわからない。しかし一八世紀前半、少なくとも「模合」という用語で呼ばれる現在の模合に似た仕組みがあり、貨幣ではなく米でおこなわれていたことがわかる。

■「集団が何かを集めて順番にとる仕組み」

波平は、現在のように金銭を用いた模合の始まりとして、同じく『球陽』（巻十五）の一七六四（乾隆二九）年の記述に注目する（球陽研究会（編）二〇一一：三六五）。一章で述べた「寄合」が出てくる箇所で、先述のとおり「模合」とは書かれておらず、「揺会」と記されている。

ただこの揺会が貨幣を用いた模合を指す言葉かというと、それは違うようだ。同じく『球陽』（巻十九）から、一七九八（嘉慶三）年兼城間切武富村の事例で、村が食料不足になるなど困窮し、貢租の負債も重くなっていたため、元地頭代平田親雲上が一四人の篤志家とともに「郡を挙げて米穀を揺会」したとされている。揺会の結果、「米穀の母子」（元金と利子）とも返済し、身売りされた人びとの身が贖われたと記されている（波平 二〇一七：二一、球陽研究会（編）二〇一一：四三七）。つまりここでは、米穀で揺会がおこなわれている。つまり揺会も模合と同様に、「集団が何かを集めて順番にとる仕組み」を示しており、その対象は貨幣でも米でもよかった。

このような高位の人たちではなく、一般庶民と揺会・模合のかかわりはどうだったのだろう。波平は別の論文（二〇〇八）で、『球陽』に模合が初めて記される一〇年前に、王府が米穀や銀銭の利息を改正していることに注目している。この事実から波平は、「百姓レベルの模合は現在入手できる記録以前から存在したとみることが至当」（波平 二〇〇八：一三八）と推測している。一方で、「私的な資金流通が厳しく制限され、王府財政の安定化が最優先される中で、私的レベルの模合が資料としてどの程度確認されているかは疑問である」（波平 二〇一七：二二）とする。つまり、王府（や薩摩藩）が一般庶民の米穀や銀銭の流通を厳しく制限する状況下では、庶民の模合がおこなわれていたとしても、記録として残りにくかったと考えられる。

■現代の模合は「揺会」もしくは「寄合」

さて、一八世紀には模合という言葉が出てきつつも、現在のような模合の仕組みを指す言葉が「寄合」や「揺会」であったとすれば、「模合」自体はどういう意味を担っていたのだろうか。

波平は、先の『球陽』の記述に先立つ一七三〇（雍正八）年と一七三一（雍正九）年、八重山の参遣状抜書に「模合之貯」という記述があることを指摘している（波平 二〇一七：二三、石垣市総務部市史編集室一九九五：七五、七九）。これは、八重山における王府の政策で、「貢租（夫賃米）の一部を公用に（納税用）一時免除して貯えておき、不作時にそれで補完する」（波平 二〇一七：二三）というものである。波平によれば、その後、宮古でも八重山でも五人組の単位で備蓄用の米粟を貯蓄させ、税収を安定させようとしたという。

このように、一八世紀の模合という言葉は、おもに王府の政策の一つとして用いられ、「貢租対応に向けた共同労働、共有地(仕明地)開発、共同貯蓄(米)を意味した」(波平 二〇一七：二二)。つまり、共同行為としての模合である。そして、いわゆる現代の模合は、『球陽』では「揺会」と記され、庶民は「寄合」と呼んでいたようである。

薩摩の模合と琉球の模合

■模合は薩摩の制度をモデルにした

波平は、沖縄の金融模合がどのような外部の影響を受けて今日の姿にいたったのかについて明らかにするため、薩摩に注目し、芳即正氏(以下敬称略)の『薩摩の模合と質屋――南日本庶民金史』(一九八〇)を手掛かりに検討している。

鹿児島において模合のような仕組みは、少なくとも江戸時代初期からあったと考えられている(芳 一九八〇：三)。模合という用語が薩摩でみられるのは、一七〇〇年代～一八〇〇年代を通じてであるが、一七一二年と一七二〇年の模合の記録には、「もへ方」・「模合方」・「模合米」などと記されている(芳 一九八〇：五)。模合米の制度は薩摩藩士の参勤費用を工面するために開始され、相互扶助的、救済的機能を果たしたと推測されている(芳 一九八〇：一一三)。つまり、これらの「模《も》合《へ》」は、一七〇〇年代の琉球における公的な共同行為である「模合」と同様である。薩摩の模合は、琉球王府による模合の公認(享保一八年、雍正一一年＝一七三三年)より約二〇年先行していることから、波平は、共同行為としての「模合」が薩摩から行政ルートで導入されたと推測し、「近世琉球の模合は薩摩の制度をモデルにしたとみて無理はなさそうだ」（波平 二〇一七：二四―二五）とする。

一方、薩摩では一八世紀〜一九世紀にかけて「掛銭」という言葉もみられた（芳 一九八〇：四―七）。これはいわゆる「貨幣の模合」を指していたと考えられる。掛銭と模合という二つの呼称の関係について、芳は次のように推測する。「薩藩では、現物模合と金銭模合を区別して、それぞれ米頼母子模合・掛銭模合と呼んだ。しかしあまり長くてわずらわしいので、だんだん米模合・掛銭とだけ略称するようになったということであろう」（芳 一九八〇：八―九）。

芳は、薩摩において貨幣の模合が増えるにつれ、「掛銭」とわざわざ言う必要がなくなり、「模合」が残ったと考えている。薩摩には一八世紀終わりごろの模合の借用書や「模合銭取納帳」の文書が複数残っている。模合という言葉が、その時期「貨幣を集めて順番に受益する仕組み」を指すようになっていったのだろう（芳 一九八〇：五）。逆に貨幣以外の模合は、たとえば馬を買う資金を貯める「馬模合」、台所用品を購入する「台所模合」などと呼ばれるようになる（芳 一九八〇：一〇―一二）。なお、「揺会」という用語は『薩摩の模合と質屋』には出てこないようだ。

ここまでをまとめると、共同行為を表す「模合」は、一八世紀前半には行政ルートを通して薩摩から琉球に入ってきていた。そして、次に述べるように、貨幣を集めて順番に取る仕組みとしての「模合」も、沖縄では薩摩より遅れて使われるようになったと考えられる。

『球陽』で用いられた「揺会」がいつ使われなくなったのかなど、検討すべき課題はあるが、琉球王国の模合にまつわる用語や意味の変遷には、薩摩や清との関係など、琉球の歴史が垣間みえる。

琉球王国のなかの相互扶助

■貨幣を用いた模合が主流に

模合という呼び方が一般的になっていく沖縄の一九世紀は、周知のとおりいわゆる「琉球処分」により琉球王国が消滅し、沖縄県として日本に組み込まれる大変動の時代である。沖縄の模合資料は、その多くが沖縄戦などで焼失したとみられ、時代によっては資料がほとんどない（小林 一九八七：一五六）。しかし一九世紀のものと考えられる模合の記録はいくつか残っており、一八世紀の模合よりも詳しいことがわかる。

一九世紀の模合資料からは、貨幣（銅銭）を用いたかなり大規模な模合がなされていたことがわかっている。

一九世紀のものとされる「模合請取証文」が、『那覇市史』や『宜野湾市史』に掲載されている（宜野湾市史編集委員会 一九八五：二六四―二七一、那覇市企画部文化振興課 一九八九：六二五―六二七）。歴史学者の高良倉吉氏（以下敬称略）によれば、この証文は、模合の責任者（座元）が毎月の受領者に、金を渡すのと引き換えに書かせた

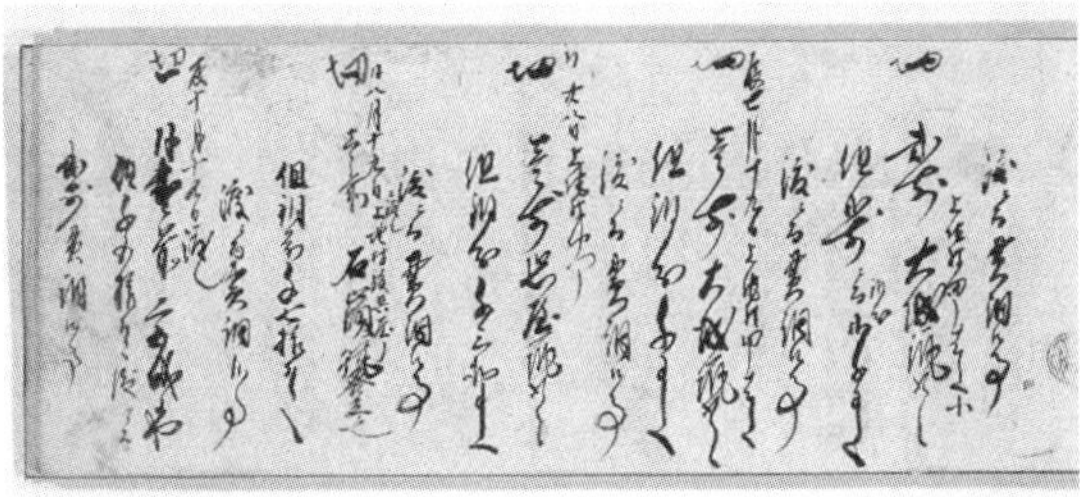

光緒6（1880）年のものとされる模合帳（出典：『模合帳　二』仲原善忠文庫 NA021（琉球大学附属図書館所蔵）https：//shimuchi.lib.u-ryukyu.ac.jp/collection/nakahara/na02101）

領収書のようなものと考えられている(高良 二〇〇六：一八〇―一八一)。この模合がおこなわれていた地域は不明だが、沖縄本島の中南部のどこかという推測がされている(宜野湾市史編集委員会 一九八五：二六六、高良 二〇〇六：一八四)。

証文には、受領金、日付(ただし年は干支のみ)が記され、「取主」(受領者)と三名の「口入」(保証人)の署名と押印・拇印がある。また、その取主が何番目で、終わりまであと何名残っているのかも記載されている。そのため、この模合が全体で八七回にもおよび、証文群は五四回目～六六回目の一三回分(ただし二名が半分ずつ取っている回があり、証文数は一四)の記録ということがわかる。[2]八七回とはふつうにおこなっていけば八七か月かかり、終わるまで、実に七年三か月になる。

この記録で興味深いのは、毎回(毎月)、その受領金額が一貫文ずつ増えていることである。先に取った人が利子を付けて模合金を支払っていく仕組みは単純だが、先に取る人と後に取る人の不公平を細やかに調整することができる。第一章で説明をした定額利子のやり方であり、現在まで続くこの仕組みの完成度の高さを示している。[3]

受領金が当時どれくらいの価値を持ったかは今後調べたいが、七年かけての模合であれば、大

2　この文書は、干支が書かれているものの年号は書かれていない。証文は二つに分かれているために、干支から推測すると別々の二つの証文の可能性もある(たとえば高良 二〇〇六)。一方、干支の書き間違いで連続したものである可能性もある。那覇市史においては、干支の違いを「錯覚と思われる」(那覇市企画部文化振興課 一九八九：六二七)とし、一連の文書として掲載している。ここでも「錯覚説」を採用している。

3　ただしこの文書の数字を計算すると、一貫文の利子は次回から支払うのではなく、取った当月から支払っている。実態は不明だが、現代と全く同じ仕組みではないのだろう。

金だろう。七年あれば、早く取った人は田畑を買えば何度も収穫でき、家畜を買えば頭数を増やすことができただろう。そのような受領時期による不公平を均すため、この模合では定額利子をつけていたのだ。つまり、ここでやりとりされる利子は決してよそよそしいものではなく、先に取る者と後に取る者の仲間どうしの思いやりと助け合い、そして公平性を表したものなのだ（平野二〇二三）。

この証文が作成された時代は、一八二〇〜一八七〇年代（宜野湾市史編集委員会　一九八五：二六六）、あるいは一八八一〜一八八六年頃と考えられている（高良　二〇〇六：一八二一一八四）。このように、琉球王国時代のものか明治初期のものかは不明だが、定額利子であることからも、琉球王国時代の模合の相互扶助的特徴を示しているといえる。

さて、沖縄県として本格的に明治政府に取り込まれて以降の模合は、どのように変わっていくのだろうか。次章でみていこう。

三章　明治期以降の模合

琉球処分以前の一八六一(尚泰一四)年から明治時代にかけて、銅の高騰、さらには薩摩の事情と思惑によって、琉球王府は度重なる「文替り」を強いられた。銅銭一枚と鉄銭一枚は当初同価値であったが、文替り、つまり交換レートの変更が、わずか七年間に八回もおこなわれた。最後には、鉄銭の価値は銅銭の三二分の一にもなった。それに伴い物価も高騰し、庶民の生活を直撃した。農民や都市の下層民の生活は困窮した一方で、薩摩藩や王府、寄留商人はこの混乱に乗じて莫大な利益をあげたとされる(比嘉 一九七二:三五〇—三五七、東恩納 一九七九:九一—九四、沖縄県文化振興会公文書管理部史料編集室 二〇〇五:六五四—六五七)。また文替りにともない、模合も混とん状態になったという(那覇地方裁判所・検事局 二〇〇四(一九四二):三六四)。

相互扶助が息づく明治初期の模合

■旧慣温存期での模合の実像

文替りの混乱が収まってきた一八七九(明治一二)年の廃藩置県(琉球処分)以降、模合は営業化が進んでいったといわれる。しかし金融史が専門の金岡克文氏(以下敬称略)は、琉球処分から、戦前昭和期までの沖縄の庶民金融について分析し、模合は明治初期にはかなりの規模でおこなわれていたものの、営利的な側面は強くなかったと述べる(金岡二〇一二：二一)。

その事例がある。歴史学者の小林惟司氏(以下敬称略)は、明治初期、一八八〇(明治一三)年の模合帳の記録を分析している(小林一九八七)。この模合は銅銭五〇貫文を一〇〇〇口、合計五〇〇〇〇貫文を集めるという大きなもので、読谷村波平を中心に広範囲から参加者(男子のみ)を集めていた。参加するには間切の承認をうけねばならず、参加者はみな官職の上位の者であった。長期間にわたる高額な模合であったこともあり、規則や保証人制度も大変厳しいものとなっている。小林はこの模合を、「営利性は少なく相互救済の意識に支えられ」、「金銭計算の合理性と相互扶助の精神」に支えられていたとする。この理由の一つは、およそ一割という定額利子の低さである(小林一九八七：一八五—一八六)。

明治初期は琉球処分後の旧慣温存期であり、貨幣制度も琉球王国時代の銅銭が使用され、この模合でも銅銭で支払うように義務付けられていた(小林一九八七：一五九)。また読谷村という地域性も、那覇など町方とは異なり、相互扶助の精神が強く息づいていたのだろう。先述の『琉球共産村落之研究』(田村一九六九)には、この模合帳の四年後にあたる一八八四(明治一七)年の読谷山村の「旧慣問答書」が掲載されている。その官吏と村人の模合についてのやりとりを紹介しよう。

問：模合は一体何のために設くるか、あるいは貧困者を援くとか、または不幸災難にかかるも

のを助くるか種々の事情もあることならんその詳細

答：模合を設くるは専ら貧困者を援けまたは冠婚葬祭の用に供する為に設くるものなり、またそのほか不幸災難に罹るものを援けあるいは家畜田畑などを買入るる資本とするものなり

（田村 一九六九：四〇九。カタカナをひらがなに、旧漢字筆者改め）

ここでは、貧困者の支援、冠婚葬祭、不幸災難にあった者の支援、家畜などの購入支援など、相互扶助的な目的が列挙されている。しかし金岡によれば、この数年後の明治二〇年代（一八八七～一八九六年）には、互助的・村落的な側面が薄れ、都市部の大規模で、ときに賭博的な模合が増えたという（金岡 二〇二一：一七七）。明治二〇年代に、一部の模合の質が変わっていったのだ。

また、一八九四～一八九五（明治二七～二八）年の日清戦争前までは、模合だけでなく、質屋も沖縄の庶民金融を支えていたという（金岡二〇二一、二〇二二）。質屋は琉球王国時代から存在し、明治中期の沖縄でもっとも重要な資金調達手段であり、模合と同様に、庶民にとっての小口金融の役割を果たしていた（金岡 二〇二一、二〇二二）。

営業化する模合

■入札模合が盛んになり多種多様に

模合は、日清戦争以降、急激に発展していく。金岡によれば、模合の掛金が高額化し、模合を

する人が増え、模合の計算方法など技術的にも向上した。一九〇〇年初頭に旧慣温存期が終了すると銀行も増えたが、模合はますます盛んになっていった(金岡 二〇二〇：二三—二五)。

この時期の模合についての貴重な証言が、首里無盡株式会社の専務取締役の山口全則氏(以下敬称略)による一九四〇(昭和一五)年の講演録「沖縄県下における旧慣模合について」(旧漢字筆者改め)である(那覇地方裁判所・検事局 二〇〇四(一九四二)：三六〇—三七五)。[4] この講演録を主にひきながら、明治期から昭和一五年当時までの模合の様子をみていきたい。

山口によれば、比較的単純だった沖縄の模合が変わったのは、入札模合が盛んになってからであり、その結果多種多様な模合が出現したという(那覇地方裁判所・検事局 二〇〇四(一九四二)：三六五)。一八八八(明治二一)年の鹿児島の第百四十七銀行那覇支店を皮切りに、さまざまな近代的な銀行が出来たが、山口によれば、これらの銀行は大商人や特殊な人びとしか利用せず、庶民はもっぱら模合を利用した。「模合は一般県民の金融機関として、また貯蓄機関として那覇、首里はもちろん地方から離島に至るまで普及されて一定の収入ある者なら模合に加入せない者はほとんど皆無と言ってもよい位」(那覇地方裁判所・検事局 二〇〇四(一九四二)：三六六)になった。

日清戦争後の一八九六(明治二九)年頃から模合で利益を得ようとする発起人が増え、また加入

4　那覇地方裁判所会議室でおこなわれた講演で、一九四二(昭和一七)年六月に発行された『世態調査資料第三六号』(司法省調査部)において、青森県や徳島県のものとともに掲載された。これは、『近代日本金融史文献資料集成』第二三巻〈第Ⅳ期庶民・中小商工業金融機関編〉に再録されている(渋谷隆一・麻島昭一 二〇〇四)。

者に小商工業者が多くなり、入札式が全盛を極めていったという(那覇地方裁判所・検事局 二〇〇四(一九四二):三六八)。そして山口は、模合が最も盛んだったのは一九〇五、一九〇六(明治三八、三九)年頃から一九一八、一九一九(大正七、八)年くらい、つまり二〇世紀に入ってすぐの二〇年ほどが模合の最盛期だったと回顧している(那覇地方裁判所・検事局 二〇〇四(一九四二):三六六)。

■「営業無尽」を規制する「無尽業法」制定

この時代、沖縄のみならず日本全国で模合・頼母子講が営業化していた。ここでいう営業化とは、営利目的で模合を起こす「講元」(座元)が多く現れたことを指す。山口によれば、一九一九〜一九二〇(大正八〜九)年ごろには経済全体が混とんとしており、「模合だけは確実なものだ」という観念が裏切られ、那覇や地方でも模合がバタバタ倒れ倒産者が続出したという(那覇地方裁判所・検事局 二〇〇四(一九四二):三六七—三六八)。模合の最盛期が終わったのは、このような模合崩れが原因だったのだろうか。

全国的には「営業無尽」を規制するための法律「無尽業法」が一九一五(大正四)年に制定され、さらに沖縄県では一九一七(大正六)年、「模合取締規則」が通達された。この規則により、模合を組織する際には所轄警察官署への届け出が義務付けられ、一回りに五年以上かかる模合、給付金一〇〇〇円以上の模合、口数一〇〇以上の模合が禁じられ、違反者罰則が定められた(与那一九七五:一一三—一一五など)。しかし山口によれば、警察に届けて申請すれば誰でも利益の多い模合の講元になれたため、公布後も悪徳な模合をめぐりトラブルが続いたという(那覇地方裁判所・

検事局 二〇〇四(一九四二):三六七)。

この頃の別の証言もみてみよう。一九二九(昭和四)年に出版された『南島經濟記』(下田 一九二九)は、奄美、沖縄、台湾などへ派遣された大阪毎日新聞の下田将美が現地を見聞して記したものである。下田は、沖縄では銀行など金融機関の経営がうまくいっておらず、模合(本文は「催合」と記述)が盛んであると記している(下田 一九二九:一二一―一二五)。実際、戦前の沖縄の銀行体制は混とんとしたものであった(たとえば金岡 二〇二〇)。下田は、「恐らく沖縄においていかなる村、いかなる字にあつても催合のない所は見出すに困難であるだらう。(中略)この催合こそ琉球の人を苦しめ腐敗させる麻薬である」(原文ママ 下田 一九二九:一二四)とし、庶民が模合の手元(座元・講元)に騙され金を巻き上げられていると批判している。[5]

同書では奄美大島についても書かれており、島津領であった時代から「もあひ」が広まり、現在(昭和初期)もあらゆる村で大流行しているとする。一方、持ち逃げで打撃を受ける人がいることなども書き加えられ、やはり模合は批判的に記されている(下田 一九二九:五七―五八)。

下田も書いているが、山口もこの「模合の悪化」の主要因として講元の責任感や資力の無さ、さ

5　下田が模合に批判的だった背景として、下記のようなことも影響しているかもしれない。「下田が訪れた一九二〇年代後半の沖縄は、第一次大戦後の『ソテツ地獄』と呼ばれる大不況の真っ只中であり、下田の他にも湧上聾人『沖縄救済論集』など沖縄経済の救済策を論じた書籍や研究が相次いで発表された時期であった(後略)」(琉球大学「琉球・沖縄関係貴重資料デジタルアーカイブ」解説 https://shimuchi.lib.u-ryukyu.ac.jp/collection/other/ot08001)。

らに加入者の質をあげている。講元は、(とくに那覇においては)女性も多かった(那覇地方裁判所・検事局　二〇〇四(一九四二)：三六七―三六八)。彼ら、彼女らは、初回に利息なしで取る権利をもつほか、受領の順番前にメンバーに利子付きで貸し付けたり、受給前に支払えなくなった者の支払済みの金を我が物にできたり(「涙金」といって少し返金することはあった)と、さまざまなメリットがあった(那覇地方裁判所・検事局　二〇〇四(一九四二)：三七一)。

この当時、責任者である講元に支払い能力がない場合に不払いが起きると、取る順番にあたった者が個別訪問して取り立てに行くことが慣習となっていた。小規模の模合については、メンバーが泣き寝入りすることも多かった。こういう模合は「崩れ模合」と称したと山口は述べている(那覇地方裁判所・検事局　二〇〇四(一九四二)：三七二―三七三)。

ここまでの山口の講演によれば、相互扶助の精神に満ちた模合は、とくに二〇世紀に入って以降変質したことになる。この頃には、講元のなかには巨万の富を得る者もおり、女性にも男性講元以上に多くの富を得た者がいたという。そして、民衆への模合の浸透具合も著しく、収入があるのに模合に参加していない場合には、「模合一口も掛け得ない者」などと侮られた。また模合に支払えないことは恥とされていた(那覇地方裁判所・検事局　二〇〇四(一九四二)：三六六)。

■「トンスジチャー模合」　取って退散するモアイ

明治末期頃まで首里や那覇でおこなわれていたという、トンスジチャー(各地で呼び方が多少異なる)の話も興味深い(那覇地方裁判所・検事局　二〇〇四(一九四二)：三六九)。与那は「トンシジュチャー

(取退)模合」として、詳しくその利回りまで論じている(与那 一九七五：一〇三—一〇八)。メンバーがくじを引き、当たったら総額の一部を取ってそのまま脱会するというものである。「取って退散する」、つまり返済がなされないため、与那は「借金機関でもなければ、貯蓄機関でもない。もちろん相互扶助、交際の場所ともいえないから、俗に言う模合に包含されるべき性質のものではない」としながら、「古来から伝来したもの」とも述べている(与那 一九七五：一〇三)。この「模合」は途中まではみな得をし、後半はまったくの損になる。山口もこれについて、「加入者も初めから富くじ位にしか考えていない」(那覇地方裁判所・検事局 二〇〇四(一九四二)：三七〇)としている。

ただ、模合がすべて投機的なものに変質したわけではない。山口はたとえば相互扶助的模合として、メンバーが順番に洋服を新調する「洋服模合」について述べている(那覇地方裁判所・検事局 二〇〇四(一九四二)：三七五)。このような「〇〇模合」はこの当時も多くあったと考えられる。

一九二二(大正一一)年生まれの知念良雄は、生まれ育った那覇の兼久(旧泊村の一部・現前島)の昭和初期の相互扶助的な模合について記している。当時の兼久は模合が盛んで、銀行は那覇の大商人しか利用していなかった。大人の月収は二〇円前後で、模合の相場は一口十銭〜一円位であったという。十銭模合は主婦の親睦、五〇銭以上になると貯蓄目的、二円になると子どもの結婚式や家の建築・改築などの資金作りが目的であった。

兼久の人びとは、大口の模合の初回を誰も取らずにグループの共有資金として取り置き、そのお金で地域の行事に必要なものを購入したり、利用者に貸し付けたり、台風被害や葬儀費用など緊急の貸付金にしたりしていた。さらに、何年もかけて模合で取り置いた資金で、この地区の建物「兼久倶楽部」の土地と建物まで購入したという。「兼久倶楽部」内には、これまた模合で購入した多くの備品が供えられていた。貸しホールやリース業者もない時代、地域住民がコミュニティに必要なものを模合で準備していたのである。また知念は、模合札という竹製の札があったことや、字が書けない女性たちが結び目を用いた「結縄法」で入札していたことなど、興味深い事実を記している（知念 一九九〇：八二―九七）。

このように、営業化した模合が増える一方、一般庶民は模合を通して生活を成り立たせ、堅実に運営していたのである。

女性はどのように模合をしたか

■女性が活発に参入。服を買い、結婚式の費用も

沖縄でとりわけ模合が発達したことについて山口は、女性が活発に参入していたことが大きいと述べる。那覇や糸満の女性たちは、商売に携わることで自由にお金を扱うことができた。また商売をしない女性でもへそくりで模合に加入し、いざというときの備えにするなどしていた。小遣いをため、服や装身具の購入、結婚式の費用に当てる女性も多かったという（那覇地方裁判所・検事局 二〇〇四〈一九四二〉：三六四）。

一九〇〇（明治三三）年ごろから「阿旦葉帽」（パナマ帽の代用品）の製造などで貧しい家庭の娘たちも働くようになり、外出用の服を買うため、日模合や小口の模合が盛んになった（那覇地方裁判所・

検事局　二〇〇四（一九四二）：三六五）。

日模合（日掛け模合）は主に首里や那覇でおこなわれ、女性や行商人、日雇い労働者などが参加し、明治のなかごろまで盛んにやっていたという。

日模合は、一人の座元に会員が毎日金を届ける方式で、会員同士には直接の関係がなく、運営もいわゆる模合とは異なっていた。よって山口は、これは模合というより一種の金貸し業のようだと述べている（那覇地方裁判所・検事局　二〇〇四（一九四二）：三六九）。

■浜下り費用も「模合座は社交倶楽部」

女性の三月三日の行事「浜下り」にも、模合が活用された。ご存じ浜下りは旧暦三月三日に女子が海で心身を清める行事で、女性だけで浜へ重箱などをもって出かけ、一日遊んでいたという。当時（一九四〇年）はこの行事が派手になり、女性たちは一日では足らず三日続けて遊んでいた。座敷を借りてご馳走を食べたり、芝居見物、舟遊びまでしていた。それには当然お金がかかり、中流以下の女性は、高額になった費用を模合で貯めていた（那覇地方裁判所・検事局二〇〇四（一九四二）：三六五）。

山口は、今に通じる模合の社会的機能についても述べている。

「模合座はまた一種の社交倶楽部でもありましたので、人の噂はもちろん、私経済の問題から種々の噂話はこのユレー座から飛散しましたので、今言えば放送局のような役目をも自然に務めていた形でありました。そのほか中流以下の婿とり嫁とりにも相当の貢献をしたことはもちろんであります」（那覇地方裁判所・検事局 二〇〇四(一九四二)：三六六)。マスメディアが発達していなかった当時、さまざまな噂や情報が模合を介して家庭や職場などに広まっていったであろうことは想像に難くない。ここにあるように、模合座は娘、息子の結婚相手を探す場になるなど、さまざまな社会的機能を果たしていたのだ。

■中流以下の女性たちには欠かせない金融

山口は、庶民にとっての模合はどういうものかについても、興味深いことを述べている。「ことに労働者仲間では食うことは後回しにしても模合だけは、未納してはならぬ、と言う責任感が強かったのであります。（中略）（労働者等が）模合の当日に、金をそろえて模合座に行くその心持は、金持ち等の味わい知れぬ嬉しさでありました」（那覇地方裁判所・検事局 二〇〇四(一九四二)：三六六)。また彼らのあいだでは、模合を取る者が出席者に酒と豆腐をふるまう慣習があった(那覇地方裁判所・検事局 二〇〇四(一九四二)：三六七)。

労働者たちの模合は単なる金策にとどまらず、仲間とともに共同で運営し、仲間を裏切ることなく支払いを終え、成功させるという喜びがあったのだ。実際、模合が満了すると、簡単な解散祝をやることもあったという(那覇地方裁判所・検事局 二〇〇四(一九四二)：三七三)。

模合が一巡する長さについて山口は、年々短くなっており、かつては一五年〜二〇年などの模合がざらにあったが、最近は年模合より月模合が断然多くなったとする。また模合は、ますます高額化しているとも述べている。そして結論として、模合は都会でも農村でも、とくに中流以下の人たち、そして女性たちには欠かせない金融であると述べる（那覇地方裁判所・検事局 二〇〇四〔一九四二〕：三六三―三六七）。それは模合が、女性たちが容易にアクセスできる唯一の金融だったからである。

山口の講演には文献がとくに示されていないことから、明治期から昭和初期の沖縄（とくに那覇周辺）の模合に関して、山口自らが見聞き・経験したものに基づいていると思われる。この講演からは、明治期〜昭和初期の模合は、相互扶助的で少額のものから営利的な大規模なものまでが混とんとして並立していることがうかがえる。また女性が明治・大正・昭和初期と、模合に活発に関わっており、模合が女性の金融として、彼女たちの生活に寄り添ってきたことがわかる。

地方における模合

さて、ここまでは主に首里や那覇といった都市部での話であった。都市部から離れた場所での模合はどうだったのだろうか。

■貨幣の浸透、米の活用

地方に貨幣がどこまで浸透していたかについて、農業経済学者の仲地宗俊と坂井教郎による「明治期の旧慣村内法」の分析からみてみよう（仲地・坂井 二〇〇三）。仲地と坂井は、一八八五（明治一八）年に沖縄県庁がおこなった各地域の「間切内法」「村内法」調査のなかで、罰金の支払い方法に注目する。支払い方法には、金銭、米、体罰があり、地域によってその組み合わせが異なっていたため、彼らは、金銭での支払いがその地域の貨幣経済の浸透度を表していると仮定する。

たとえば、すべての科料を金銭で支払わせた島尻地方(豊見城間切)は、サトウキビ経済と土地の私的所有がかなり発達していたという。一方、米と金銭で罰を支払わせる国頭地方(本部間切)では、米も貨幣として流通していたと考えられる。久米島の内法違反はすべて米で支払うことになっており、貨幣経済の浸透が限られていたか、貨幣の流通に制限が加えられていたことが考えられるという。粟国島では科料は金銭が多いが、体罰での罰則もあり、貨幣経済の浸透は一定範囲にとどまっていたと考えられている(仲地・坂井 二〇〇三)。

このように沖縄本島や離島では貨幣の浸透度がまちまちであり、一八八五(明治一八)年頃には、模合も金銭や米などそれぞれの地域でより流通していたモノでおこなわれていたのだろう。

■「饒平名家文書」から見る模合

一方、明治後期になると地方でも貨幣が流通し、金銭での模合が発達していったようである。先の一八八五(明治一八)年には、米も貨幣として用いられていたであろう国頭地方でも、明治後期には貨幣の模合が活発化している。

本部町伊豆味の饒平名家に伝わる明治後期から昭和初期にかけての文書群「饒平名家文書」には、模合関係の証文や帳簿が多く含まれている(本部町史編集委員会 一九八四:一三一―一五二)。とくに目立つのが「模合売渡証」などの、模合の権利を売ったり抵当に入れたりしたことを示す証書であり、このような行為が珍しくなかったことがうかがえる。

一九〇六(明治三九)年の「金拾円模合規則帳及印鑑簿」は、一口一〇円で四〇口、総額四〇〇円という当時の大金の模合帳簿である。規約は三六条にもおよび、さまざまなことが細かく規定されている(本部町史編集委員会 一九八四：一四九―一五二)。たとえば、当日は一〇時までに「定宿」(帳筆者宅)に現金を持参し、遅れれば一〇銭以上五〇銭以下の罰金が科せられる。支払いを延滞すると、まだ取っていない人(掛け前)は「掛け捨て」にされ、すでに取った人(送り前)は保証人と共に弁償し、当日に模合金を完納しなければならなかった(第一〇条)。また保証人は、子孫に至るまでその義務を負う(第一八条)となっており、その重責ぶりがわかる。また送利(すでに取った人が支払う利子)は二割で、一〇円に二円付けて一二円を支払うことになっていた(第一二条)。

八重山・宮古の模合

次に、先島諸島の模合についても簡単にみてみよう。沖縄本島から距離的に離れている八重山や宮古島は、本島とはまた違う特徴がある。

■八重山の模合　明治期に最盛期

歴史学者で郷土史家でもあった東恩納寛惇氏(以下敬称略)は、宮古や八重山では明治期になってはじめて貨幣(円銭)を扱うようになったと述べている(東恩納 一九七九：七四)。また『石垣市史 各

論編 民俗 上』でも、「八重山で貨幣の流通をみるようになったのは、明治二四、五年(一八九一、九二)頃から」(石垣市史編集委員会 一九九四：六八四)とされている。

八重山に関する調査報告書『八重山事情』(明治四三年二月調)によれば、八重山に初めて模合が組織されたのは一八九七(明治三〇)年頃と記されている。もし貨幣が流通し始めたのが上述のとおり一八九一、九二年頃であれば、そこからわずか五年ほどで貨幣の模合が組織されたことになる(ただし米模合はもっと古いだろう)。この貨幣の模合の開始時期は、沖縄本島よりかなり遅れている。しかし開始から一三年後の一九一〇(明治四三)年に書かれたこの報告書には、八重山の模合は流行を重ねその極に達していると書かれている。この時期は、沖縄本島の模合の最盛期(明治三八年ごろ～大正八年ごろ)とも重なっている。

しかし一九二九(昭和四)年頃からは、「高利貸が横行したり、悪徳発起人や逃走する落札者が次々と出てきたため、恐慌状態となり、身を滅ぼすという気の毒な人々も出てきた。こうしたことから、ムヤイは信頼を失って漸次的に衰退した」(石垣市史編集委員会 一九九四：六九二)という。やはり大正の最盛期を過ぎて昭和に入ると、八重山においても悪徳模合が増えたようである。

貨幣が流通する前からあったと思われる米の模合も続いていた。一九〇二(明治三五)年生まれの男性が、自分が経験した字登野城の「俵模合」について語っている。俵模合は、地域により一〇名程度が年に二回集まっておこなわれていたという。一株(一口と同じ)は籾一〇〇斤(約六〇キログラム)で、利子「ウクリィマイ(送り米)」は一斗缶一杯(約二〇斤：約一二キログラム)であった。俵模合が一回りするには四～五年かかったという。また金銭の模合も、米の収穫期や製糖期など農家に現金の入る時期に、だいたい年二回おこなわれていたという。俵模合も年模合も助け合いが目的であったため、取る人を決めるときには入札やクジではなく、ムヤイニンジュ（模合人数・メンバーのこと）で話し合い、譲り合いながらおこなわれていたそうだ（石垣市史編集委員会　一九九四：四九三―四九四）。

悪徳模合がはびこる一方で、相互扶助的模合も継続されていたのは、沖縄本島と同様である。

■宮古島の模合　相互扶助的な模合も盛んに

八重山同様、貨幣の流通が遅れた宮古島では、長らく模合は粟でおこなわれていた。宮古島でおこなわれた一八八四（明治一七）年の旧慣調査書[6]には、模合についての項目がある。その記述によれば、宮古島では貧困や不幸に遭った人を助けるために模合が起こされ、「粟四俵以内」という大きなものもあり、模合の参加者は男子に限られていたという（宮古島市教育委員会文化振興課　二〇〇八：二六）。また、一八八八（明治二一）年の宮古島の旧慣調査書には、模合は「年粟六俵位を最大と」し、小さいものは「年粟一俵」と記録され、少し規模が大きくなっている。ほかにも雑穀模合があり、金銭模合はないと書かれている（宮古島市教育委員会文化振興課　二〇〇八：二八―二九：筆者

6　歴史学者の平良勝保氏は、「旧慣や内法は、沖縄の静態的（伝統的）村落をあらわす資料としてしばしば引用されてきたが、近代に入ってから支配者の都合によって記録・成文化されたことを見逃してはならない」と注意をうながす（平良二〇一一：三二七）。先に引用した「間切内法」「村内法」調査や『八重山事情』もあわせ、これが当時の現実をそのまま写し取っているわけではないことは注意したい。

カタカナをひらがなに変換)。このように、当時の宮古島の模合は金銭ではなく、粟や雑穀でおこなわれていたことがわかる。

しかし、明治終わりから大正期にかけては、沖縄本島や八重山と同様、金銭模合が隆盛を極めていく。たとえば一九一三(大正二)年六月三日の琉球新報の記事には、宮古島での模合について、「殊に平良五カ字の如きは之をせざるもの数十人を以て数えらるゝ程となれり」とし、模合が島中で盛んになっていることや、模合によって破産者が出て問題になっていることが報道されている(平良市史編さん委員会 二〇〇三：七三九―七四〇)。

一方、相互扶助的な模合も宮古島にはもちろんあった。とくに興味深いのが、台風被害者のための救援模合である。宮古島には、台風で大きな被害に遭った人の知人や親戚が、その被害者に模合を発起させて初回にお金を取らせ、すぐ全員が脱会するという形の模合があったという。つまり、発起人である被害者だけがまるまるお金をもらうことになる。ほかの参加者は最初から「掛け捨て」であり、模合というより一種のカンパ(救済)といえよう(那覇地方裁判所・検事局 一九四二：三七五)。

また波平は、戦前期のある農村の模合について紹介している。参加者は全員同じ村出身の三〇人前後で、毎月一度の会合は座元宅でおこなわれ、幹事役がすべての運営を取り仕切った。模合は午前一〇時から始まり、終了後に親睦の軽い酒宴があったが、昼過ぎには終わったという。座元主催の大きめの宴会は、模合を発起するときだけにおこなわれたという。波平によれば、模合を起こすことは農家にとっては一大事のため頻繁にはおこなわれず、余裕のある富裕層は、ほかの地域の模合に好んで加入していたという（波平 二〇〇八：一四二）。

このように、地方や離島では、明治終わりから大正にかけて金融目的の模合が盛んになっただけでなく、相互扶助的な模合も依然活発におこなわれていたのである。

沖縄戦と模合

■戦時中でも模合は続いた

昭和一〇年代に入ると、人びとの生活に第二次世界大戦の影が差す。『読谷村史』（第四巻資料編三　読谷村の民俗（上））には、読谷村楚辺の比嘉松助氏（一八九二（明治二五）年生―一九四五（昭和二〇）年没）が書き残した農家の収支簿が掲載されている（読谷村史編集委員会　一九九五：四一五―四四二）。その家計簿のような記録は、農業経営の合理化と食糧増産のため国が農家に記帳を勧めた『農家厚生簿』という冊子に記され、第二次大戦が開戦した一九四一（昭和一六）年から沖縄戦前年の一九四四（昭和一九）年まで続いている。そこには模合についても出てくる。

一九四一（昭和一六）年当時、比嘉氏は、妻と一人の息子、一人の年雇人と暮らしていた。耕地二五六坪、山林三〇〇坪をもち、ウマ一頭、ブタ一頭、ヤギ三頭を所有していた。家計簿からは、戦争が進み、国家からさまざまな名目で貯蓄や供出を強いられている様子がみてとれる。比嘉家はそのような状況のなかで、八つの模合に参加していた。

模合については具体的な名前が出ており、①川ノ上模合、②蒲東上門小模合、③上門（后上門・

後上門とも）模合、④牛百次小ミヤ模合、⑤山キナ（山喜名とも）模合、⑥作業模合（作業賃金と模合小とも）が、毎年それぞれ決まった時期におこなわれている。この地域の模合は、通常年に一回（あるいは二回）おこなわれていた（読谷村史編集委員会 一九九五：一九九）。それ以外に、一九四一（昭和一六）年に一度だけ書かれた「月模合」や、一九四三（昭和一八）年に書かれた「組合模合小」がある。毎年書かれている模合の支払い金額は年によって異なっており、利子によるものと思われるが、詳細は不明である。

松助氏は、記録がとまった一九四四（昭和一九）年頃から体調を崩し、息子を宮崎に疎開させ、妻とともに国頭村に避難し、そこで一九四五（昭和二〇）年に没したという（読谷村史編集委員会 一九九五：四一六）。この記録からわかることは、戦時中でも人びとが変わらず模合を続けようとしていたことと、戦争の激化で生活が破壊され、ほとんどの模合が途中で終わってしまったであろうことだ。

四章　戦後の模合

沖縄戦により人びとの生活は根こそぎ奪われ、多くの模合も途切れてしまった。人びとが記していた模合の記録も、このとき多くが失われたことだろう。

ここからは、戦後、本土復帰などの大きな社会変化のなかで、模合がどのように変遷していくのかを追ってみたい。

復帰前のドル模合

■無尽会社への返済を模合で

終戦直後、人びとは模合を再開できる状況にはなかった。その理由の一つは、米軍が「紙幣、両替、外国為替および支払い停止令」や「金融機関の閉鎖および支払い停止令」を発したためである(沖縄大百科事典刊行事務局　一九八三：六三五―六三六)。敗戦直後から翌年の一九四六(昭和二一)年四月一四日までの八か月は貨幣が出回らず、「無通貨(物々交換)時代」といわれる。

人びとは手持ちの日本円以外に、収容所で無償配給された米国製のタバコなどを貨幣として用いたという。[7]

八か月の無通貨時代を経て貨幣が流通するようになったものの、法定通貨は次々と変わった。第一次通貨交換（一九四六年四月一五日～二八日）では、法定通貨は新円・証紙付旧円・B円とされ、第二次通貨交換（一九四六年八月五日～二五日）では、新円のみに限定された。ただし宮古、八重山、奄美大島とその群島では第二次通貨交換は実施されなかった（山内 二〇〇四：一〇―一一）。第三次通貨交換（一九四八年七月一六日～二〇日）ではB円のみが法定通貨とされ、一九五八（昭和三三年）年九月まで約一〇年間使用された。[8] 第四次通貨交換（一九五八年九月一六日～二〇日）ではドルが通貨とされ、紙幣だけでなくドルやセントのコインも流通した。そして、一九七二（昭和四七）年五月の日本復帰を迎えたのである（山内 二〇〇四：四―四〇）。

通貨が変わることは生活に大きな影響を与える。通貨が変更されるたび、人びとの生活も模合も大きく混乱したに違いない。しかし戦後、人びとは通貨が流通するようになると、模合をさっそく始めたようだ。

一九四八年（昭和二三）年、米軍占領下で琉球銀行が設立され、一九四九（昭和二四）年には沖縄

7　ただし久米島では、久米島米軍政府発行の「久米島代用紙幣金券」（一九四五年八月～一〇月）が九種類発行され、八重山でも米軍政府の指示で、八重山支庁が「八重山認印紙幣」（一九四五年一二月）を発行したという（山内 二〇〇四：六―八）。

8　戦前から戦後まで台湾経済圏に組み込まれていた与那国島では、台湾紙幣が流通していたという。戦後の密貿易で台湾紙幣の大金をもっていた人たちは、台湾紙幣が通貨交換の対象にならず、また台湾でも新紙幣が発行され旧通貨が無効になったため、大損をした者も多かった（石原 一九九五：一三二―一三六）。

無尽や那覇無尽などの無尽会社などが設立されるなど、沖縄県には金融機関が増えていった。しかし依然として、これらの金融機関は庶民に身近だとは言えず、例外は無尽会社であった。一九四〇年(昭和一五)生まれの宮古島の男性は、自分が中学生だった一九五〇年代、宮古島に無尽会社があったことを覚えている。当時の大人たちは、利子が高い無尽会社に返済するため、利子の低い模合から金を借りて返済していたという(二〇一三年三月・宮古島)。

表1　戦後の宮古島の模合実態調べ

年度	円
1946	35,600
1947	119,000
1948	2,218,650
1949	5,227,450
1950	1,501,700
合計	9,102,400

(宮古タイムス 1950 年 7 月 20 日、『平良市史』第五巻資料編三、413 頁より筆者作成)

　上記の表は宮古島の戦後の模合実態調べである。これをみると、多くの模合が戦後三年たった一九四八年から組織されていったようである。

　宮古島の『みやこ時報』には、一九五一年六月三〇日現在、「宮古島群島内の模合契約高は実に三億八千余万円に達し、種類は最低二十円から最高五千円、口数にして二万七三七口」と報道されている(『みやこ時報』記事 一九五一年九月一五日、平良市史編さん委員会 一九七六：四三七)。波平が当時の世帯数から試算したところ、これは各世帯平均二口弱の模合に加入していたことになるという(波平 二〇〇八：一四三)。

■模合で苦境を乗り切る女性たち

戦後も人びとは模合で家族の苦境を乗り切ったり、商売を軌道に乗せようとしてきたようだ。

とくに女性たちにとって、依然、模合による資金作りは欠かせなかった。

二〇二二年の復帰五〇年記念で、沖縄タイムスで企画・特集されていたおもに年配者にインタビューをする連載「沖縄の生活史〜語り、聞く復帰五〇年」（二〇二三年『沖縄の生活史』として出版）では、女性のインタビューに模合の話がしばしば出てくる。

鳩間島から沖縄本島に出て那覇で飲食業を営んできた女性（七七歳）は、おそらく復帰すぐの話として、模合について次のように語っている。

「模合を取って、また結局ほら月賦で払っているようなもんでしょ？　そういうのを取って、何カ所かもう付き合いであっちもこっちも入れられるわけ。で、そういうところに入れて、模合やって、それを回してやっていたから借金しないで済んだと思う。生活はそんなに楽ではなかったけど、人に迷惑かけないで生活できたってことは、そういうので回してきたから、やってきたと思う」（石原・岸 二〇二三：四三九）

また、コザで洋服店をしていた女性（八七歳）も、二三歳（一九五八年頃）の頃に店を出すとき、親戚に五〇〇ドルを借り、模合を起こして一年で利子をつけて返済したと語っている。商売人であった彼女はつねに模合をしていたようだが、持ち逃げされた経験も語っている。

「三〇ドル、ドルの時代だから。一五名ぐらいいたらいくらかな？　四五〇ドル。これだけ取ってから。持って来ない、もう逃げる人がいるわけさ。四五〇ドルは大金。知らない人入れたら大変。家分かる人だったら家まで行けるけど、もう全然知らない人。自分で弁償したことある」（石原・岸 二〇二三：二二二）

■模合は「取っては逃げ、取っては逃げ」

座間味出身の九二歳の女性もまた、戦後那覇に出て、電気集金の仕事で出向く城間において、「不良おばー」と模合をするようになったという。「なんで模合の習慣ができたのかね」という質問に対し、彼女は次のように答えている。

「お金がないからさ。銀行から借りれない人が。あんたがやってごらん、すぐ集まるよ。集めてごらん、模合やろって。集まったらヤマトに逃げればいいさ(笑)。こんなもんさ、模合っていうの。取っては逃げ、取っては逃げ」(石原・岸二〇一三:八一三―八一四)

この女性は、「日模合」で模合崩れを経験したようだ。一九五〇年後半ごろのようであるが、実際、模合にまつわるトラブルも少なくなかったようだ。

宮古島でドル時代の模合の話を聞いたときも、自分の母親の模合話を語ってくれた人がいた。ある六〇代男性は、一九六〇年代、自分の母親が一ドル札を束にして輪ゴムでまとめて持っていたことを覚えている。当時は、「母ちゃん、金持ち〜!」と思っていたと笑う。この母は当然、多くの模合をしていた(二〇一二年二月・宮古島)。

同じく宮古島の七〇代男性は、母親が地域の親しい人と五ドル模合を一〇人くらいでやっていたことを記憶している。二ドルの利子をつける「上げムヤイ」で、彼の母親は最後にとって、二〇ドルを儲けていたという。一九六〇年代は、今よりムヤイがずっと多かった(二〇一三年三月・宮古島)。

■子ども全員の大学進学費用も模合で

宮古島の五〇代女性も言う。「私の母は自分の子ども全員、模合で大学に行かせたの。昔は、模合を使って上手くやりとりするのが主婦の自慢であり、才覚だった」（二〇一六年八月・宮古島）。

宮古島の七〇代のS氏によれば、一九六三（昭和三八）年ごろ、宮古島にも琉球銀行、沖縄銀行などの金融機関が相次いで設立されていたが、模合は依然さかんだった。琉球銀行に勤めていたS氏の同級生が、「宮古の人は模合に預けるから、なかなか銀行には預金してくれない」と言っていたのを覚えている。

S氏の母親は当時、模合を一〇個ほどやっていた。知り合いが、「今度〇円の模合を起こすけど、入ってくれんか」と気軽に頼みに来る。母親は、誘われたら断らなかった（断れなかった）という。また模合は、お茶を一緒に飲んで井戸端会議する楽しさがあった。「あんた、模合があたったから、お茶菓子をおごりなさいね」という具合に、集まってお茶を飲むのが宮古の伝統・風習で、当たり前だった。一方、女性たちは、大きな模合で息子の学費を作ったりもする。相互扶助もある。選挙に出るから模合やってくれ、というようなこともあったという（二〇一八年六月・宮古島）。

このように、戦後も女性たちは模合を組織して商売をしたり、子どもを大学にやったりと、家庭を切り盛りしていたのである。

復帰前後の混乱と模合トラブル

■急増する高額模合トラブル

女性たちが、家族のため、商売のために模合を利用していた一方、一九六〇年代には高額の模合が沖縄県に広がっていた。

高額の日掛け模合、さらには一日に数回おこなわれる模合などに参加し、大金を右から左に回しているだけの人が増えた。どこかで崩れると模合は連鎖的に崩れ、座元が追い回されるという事態になった。

「民間模合の傷あと　借金背負い苦しむ　座元が清算事務所開設」という見出しの記事（沖縄タイムス 一九六五年一月八日）によれば、大きな模合が広がった背景は、警察や金融検査部の規制が強化され、金融のひっ迫や引き締めなどにより、民間において金融への需要が高まったせいであったという。

沖縄開発庁沖縄総合事務局は、日本復帰前年の一九七一（昭和四六）年、那覇を中心に模合に関する調査をおこなっており、それによると、模合の加入率は六六・九％（対象者三一三人）であった（北島 一九七二：九三）。同年六月の琉球金融検査庁の調査では、沖縄の模合総額は一〇〇〇万ドル（三六億円）以上で、那覇辻町では五〇万ドル（一八〇〇万円）以上の規模の模合があったという（与那一九七五：三）。

同じく復帰前年の五月二九日には、「主婦、十数万ドル持って高飛び　模合金など横領　計画的にだます　座元におさまり百二十口をあやつる」の見出しの記事が出た（沖縄タイムス）。四〇代の主婦が座元をしている模合などを通じて大金をくすね、本土に逃げてしまったという。この記事には、これがかつてない悪質模合であることや、無尽業法がザル法になっていることなどが書かれている。この女性はB円時代から模合を取り仕切っており、借金も抱えていたそうだ。記事からは、計画的に大金を集めたというよりも、複数の模合を回しきれずに借金が増えてどうしようもなくなり、逃げた感じもある。

このころの沖縄では、新聞記事にならないようなものでも多くの模合トラブルがあったようだ。宮古島に暮らすNさん（七〇代・男性）も持ち逃げ被害にあった一人である。Nさんは結婚資金を貯めようと当時ドル模合（五～一〇ドル）をやっていたが、途中で崩れ、結局半分もとれず、それから模合が嫌いになったという（二〇一六年八月・宮古島）。

■ドルから円へ模合金の換算でもめる

復帰が近づいていた時期の、大なり小なりの模合トラブルの背景には、ドルの切り替え問題も関係していただろう。復帰前年八月、アメリカの大統領ニクソンが、ドルと金の交換の停止を宣言するなどドル防衛策を発表し、世界経済は「ドル・ショック」と呼ばれる大きな衝撃を受けた。なかでも変動相場制への移行により、沖縄の経済は大きな打撃を受けた。

一九七一年八月まで一ドル三六〇円だった円相場は、復帰時には三〇五円へと大きく価値を下げることになり、加えて混乱と便乗値上げで、庶民の生活は混乱した(山内 二〇〇四：四—四〇)。復帰前からドルを使いつつも日本の経済圏に入っていた沖縄では、日本商品の輸入価格が高騰し、物価が全体に上昇することになった(川平 二〇一五)。

模合グループにとってもっとも大きな問題は、ドルの価値が下がることであった。沖縄県八重山支庁が発行した冊子『復帰後の物価』(昭和五一年三月)には、復帰前後の「物価モニター」アンケート(一九七二年一〇月実施・回答者三五名)の結果が載っている。アンケートでは復帰前後に模合をしていた人に対し、ドルは「何円換算になりましたか」と質問している。それによると、半数以上の模合グループは決定にしたがい三〇五円換算にしたようだが、円換算にまつわるトラブルについて、具体的な記述が並んでいる(沖縄県八重山支庁 一九七六：四五—四七・アラビア数字は漢数字に変更)。

「通貨交換が三〇五円で計算されたのに三六〇円換算するとは道理に合わない。一方、それではすでに受け取った人は三六〇円計算で得をしているのではないかということでもめたが結局交換率の三〇五円換算でおさまりました」

「(模合は)半分以上終わってましたので三〇五円に換算すると、残っている人たちがたいへんおこったので話し合いの結果三三〇円になった」

「相当トラブルがありましたが、話し合いでドル交換時前までは、三六〇円換算で、交換後は三〇五円換算で掛の人は別々の計算で一応話はスムーズに行きました」

「昭和四五年一〇月一六日〜四七年七月一六日迄、二一か月にわたり近所で模合をしました。復帰以後トラブルが起こり三人の債権者は三六〇円換算が当然だと主張し、一九人の債務者は、三〇五円で換算したらどうかとの話も出ましたが折り合いがつかず、結局五月分はドルで支払い、六、七月は三〇五円換算で行ないました」

このように、換算レートの変更で、メンバー間(すでに受け取った人とまだ受け取っていない人)の公平性を担保しようとグループ内で議論し、合意形成がなされたことがわかる。模合の金額や目的(親睦か金融か)によってもその深刻さは変わるだろうが、この冊子にはそこまで書かれていない。ともあれ人びとは話し合いをして、メンバーが納得いくように問題を解決したようだ。

復帰前からの物価高は、円に切り替わった後さらに高騰した地域も多く、模合の運営もしばらく混乱しただろう。模合は、最初に受け取る人から最後に受け取る人まで、全員が不公平を感じないようにする必要があり、インフレーションには弱いのだ。

しかし振り返れば、沖縄では琉球王国時代から復帰にいたるまで、幾度となく通貨やレートが変更されてきた。生活に影響が大きい貨幣の変動に翻弄されながらも、人びとはそれに適応するしかなく、実際それを乗り越えてきたのである。

このような変動のなかで模合を継続するため、人びとはメンバーの公平性を気にかけ、話し合いながら対処してきたのだろう。復帰一年後の昭和四八(一九七三)年の調査(全県二四八八世帯)で、模合加入世帯の割合は六一%にのぼっている(沖縄開発庁沖縄総合事務局　一九七四：五)。やはり人びとは、ドルから円に変わっても、模合をやめなかったのである。

復帰後の模合

模合は復帰後も活発に営まれた。模合は人びとの生活を支えるだけでなく、経済を回すためにも積極的に利用された。銀行はまだ気前よく貸してはくれないなか、復帰後の経済を回していくために、模合は使われたのである。

■保証人はバツ、模合参加はOK

復帰後、自営業者などの中小企業は模合を活発におこない、資金をつくっていた。

実業家Nさん(七〇代)はかつて、タクシー会社を経営者していた。今はタクシー車両をローンで買う会社が多いが、昭和四〇年代後半、Nさんは模合で購入していた。二〇万円の模合を、おもに自営業者二五名でやっており、もらえる金額は五〇〇万円になった。それでタクシー二台を購入し、タクシーの稼ぎで模合の支払いをした。当時のタクシーは耐用年数が六～七年で、五～六台のタクシーをもっていると五〇〇万円で二台ずつ新調でき、二五か月ごとに取る順番が回って来るのでちょうど良かった。

Nさんはその時代、ほかにも一〇個の模合をしていたという。当時、銀行でお金を借りようとすると連帯保証人や事業計画書が必要で、中小零細企業にとっては手続きのハードルが高かった。連帯保証人になるのを嫌がる人が多かった。しかしそういう人でも、模合に誘えば快く参加してくれた。高額模合の参加は、自営業者にもメリットがあるからである。

高額模合の取る順番は入札式で決めていた。当時、落札した人は飲み屋でメンバーにおごることになっていたが、その前に銀行員が来て飲食費だけを残してお金をもっていき、銀行口座に入れてくれたという。取った人が酔っぱらって大金を失くす可能性もあり、銀行員も貯金額を増やせるというメリットがあったのだろう（二〇一五年八月）。Nさんもいうように、現在は自動車ローンがあるため、このような模合はほとんどないという。

■沖縄経済を支えていた企業模合

中小企業には、企業同士の模合が欠かせなかった。ある建設会社の総務課で働いていた男性Kさん（六〇代）は、その会社が参加していた企業模合について語ってくれた。バブル経済が始まる一九八〇年代半ばごろまで、銀行はなかなか中小企業に融資してはくれなかった。そのため、彼の会社は一〇〇万円の模合を一五～二〇社ほどでやっていたという。取る金額は一五〇〇～二〇〇〇万円になる計算だ。当然ながら「みんな信用できる会社だった」。

模合の会合には、それぞれの会社から一人ずつ、たいてい総務の人間が来ていた。模合金は現金ではなく、小切手でおこなった。ランチタイムに決まった店に集まり、昼食をとりながらの模合で、さまざまな情報交換もした。入札だったので、利子は一〇万円ほどになったが、それでも借りるところがない中小企業にはありがたかった。「今日はどうしても取りたい」というときには、会社に利子の上限を聞き、がんばって取った。

しかしバブル期になるとどこも景気がよくなり、模合を取りたい企業もなくなってきた。途中まではクジで無理やり取らせたりしていたが、最後には模合自体がなくなった。男性は、「今は企業模合はないよ。銀行の営業が金を借りてくれと回ってくるんだから」と笑った(二〇一五年八月・二〇一二年九月・那覇)。

このように、バブル前までの厳しい金融事情のなかで、中小企業に模合は欠かせなかった。いってみれば、模合は沖縄経済を支えていたのである。

なお、一九九〇年代初頭の調査では、対象となった中小企業の半数以上が模合をしていると答え、うち半数がその目的を親睦と答えている(沖縄県産業振興公社中小企業情報センター：一九九三)。

■池間島の助けムヤイ(模合)

小規模な模合はどうだったろうか。宮古島の北に位置する離島の池間島にとんでみよう。この島は、今はあまり模合は盛んではないというが、昔(聞き取りをした八〇代の女性たちが四〇代の頃なので一九七六年〜一九八〇年代)の女性たちは模合をやっていたという。四〇代〜五〇代の女性が毎月座元の家に集まり、一万円〜二万円の「助けムヤイ」をやっていた。クジをひいて当たった人が取ったが、お金が必要な人がいたら相談し、順番を譲った。二人が欲しいと言ったら、分けて取ることもあった。もらったお金は、行事や子どものために使った。利子は一割で「割り戻し」をし(利子をその場で、取っていない人で分ける)、最後の人は利子のまる取りができた。小さな島で、みんなが大きな家族のようなものだったから、取って逃げる人はいなかったという。

夕飯が終わったらオヤ(座元)の家に集まり、お茶やお菓子を食べながら、だいたい夜の七時〜一〇時くらいまで続いた。ときにおしゃべりがはずんで、夜中になったこともあるという。とても楽しかったと女性たちは語った(主に八〇代・女性複数人・二〇一六年八月・池間島)。

社会問題となった「ゴロゴロ模合」騒動

さきの「高飛びした主婦」もそうであるように、模合で大きな問題を起こすのは、男女を問わなかった。「ゴロゴロ模合」という言葉は、模合をやっている人なら一度は耳にしたことがあるだろう。ゴロゴロ模合という言葉はいつ生まれたのだろう。先の山口氏の講演(昭和一五年)には「崩れ模合」や「ファイバー・ユーレー」という言葉が出てくるが、ゴロゴロ模合は出てこない。ちなみに「ファイバー」とは綿に似た化学繊維で粗悪な布のことを指し、「インチキ模合」という意味があったようだ。昭和一五年になかったとすると、ゴロゴロ模合という言葉は戦後に生まれたのだろう。実際、大正時代に那覇で生まれた知念良雄は、戦後、「ゴロゴロ模合」という言葉が定着したと述べている(知念 二〇〇六(一九九五)：一〇二―一〇三)。

ゴロゴロ模合とは、模合が連鎖的に崩れる様子を表しているとか、いろいろな人があちこちで複数の模合を回す様子を表しているなどと言われる。また宮古島では、日掛け模合のことをゴロゴロ模合だと説明をする人もいる。実際宮古島では高利貸しが仕組む日掛模合が崩れることが多かった(波平 二〇〇八：一四七―一五二)。利ざや目的で高額、高利子の模合に参加し、払うのが難しくなった人が、高額の模合や利子を支払うために、別の高額模合を起こす。こうして、一つ破綻すると連鎖的に破綻が重なり、支払い切れずに自殺をしたり、県外へ逃げたりする人が続出した。このような騒動は、戦後も何度か起こってきたという。宮古島で戦後最大のゴロゴロ模合騒動は、一九五九年に多くの市民を巻き込んだもので、関係者には主婦なども多かったという。自殺者が出るなどして収集がつかなくなり、官民で清算委員会を立ち上げて、この騒動を収めた(波平二〇〇八：一五〇—一五一)。復帰後、一九七五〜一九七六年にかけておこなわれた沖縄海洋博の前後にも、多くのゴロゴロ模合騒動があったという。

近年は大きなゴロゴロ模合騒動は起こっていないようだが、今もその恐ろしさは語り継がれている。私が模合を研究しているというと、何人もの人が少し言いにくそうに、「ゴロゴロ模合って知ってる?」と声をかけてくれる。ゴロゴロ模合は、模合についてまわる負の側面なのだ。よって、高額の模合、利子が高過ぎる模合、頻繁におこなわれる模合(日掛け、週掛けの模合など)は、警戒する人が多い。現在、低金額の模合が盛況なのは、ゴロゴロ模合という歴史の上にある。

一方、宮古島では、特殊な高額利息の日掛け模合が流行して崩れる模合騒動が、一九九六(平成八)年〜二〇〇四(平成一六)年と、わりと最近起きている(波平 二〇〇八：一四八)。決して、ゴロゴロ模合は過去のものとはいいきれないのである。

■戦後急速に広まった「親睦模合」

さて、ここまで歴史のなかの模合をみてきた。模合は各地で古い歴史をもち、もともとはユイマール型の、共同体での助け合いこそが「模合」の原点であった。いってみれば「扶助(助け合い)模合」である。しかしその後、おカネを借りたり利息で儲けたりする目的の「金融模合」が多くなり、悪徳な模合も増えていった。一方、相互扶助的な模合も残り、戦後も相互扶助の仕組みとして、人びとの生活のなかに根付いていきた。

戦後に急速に広まったのが、現在もっとも盛んな、親睦を目的とする親睦模合である。

宮古島の村落部で調査をおこなった社会人類学者の大本憲夫によれば、昭和三〇年代は大半の模合が「救済型」であったという。救済型とはつまり、扶助模合(助け模合)である。しかし、一九七六(昭和五一)年の調査では、親睦模合の数が上回っていた(大本 一九七八：二一九)。

一九七三(昭和四八)年の全県の模合実態調査においても、親睦目的が四八・六%となっており、相互扶助目的が三六%、資金調達目的が二九%となっている(沖縄開発庁沖縄総合事務局 一九七四：五)。現在の模合は、親睦模合と金融模合に分類されることが多い(鈴木 一九八六：二九、波平 二〇〇八：一四五など)が、相互扶助目的の扶助模合を加えて三種類にわけるほうが良いだろう。離島などでは、親睦とも金融ともいえない扶助模合(助け模合)が現役だからである。さらにいえば、すべての模合には割合は異なっても、親睦、金融、扶助の三つの要素がすべて入っている(平野 二〇一四)。後に述べるように、親睦模合でももらえるお金は大切であり、金融模合でも親睦や相互扶助の要素はある。

戦後、社会が徐々に豊かになっていき、金融機関も利用しやすくなり、住宅ローン、学資保険、健康保険、定期貯金その他のサービスが身近になった。農村では、かつてのようなユイマールはなくなっていった。都市に出て暮らしてみると、人間関係は流動的で、付き合いもさらに浅くなる。そこで、「親睦のために」模合をしようと考える人が現れ、人びとはそれに賛同した。だからこそ、沖縄では日本の他地域のように模合が消滅に向かうことはなかった。

つまり沖縄では、扶助・金融的要素は残しつつも、金融機関が代替できない「親睦」という要素を大抜擢し、「親睦模合」という新たな模合を発明したのである。だからこそ、沖縄は今まで模合という文化が維持されてきたのだ。

以上、本章まで「歴史編」として、文献を中心にきわめて断片的ではあるが、沖縄の模合の過去を素描してみた。模合が沖縄において長い歴史をもち、時代時代の人びとが現在まで継承してきた営みであることが伝わればと思う。いよいよ次の章から、現代の模合をみていこう。

第二部

現代編――模合のいま

五章　模合のリアルを知る

「模合？　沖縄はほかに娯楽がないからですよ。ほかの県にもすぐに行けないし、遊ぶところがない。だからみんなで集まって憂さを晴らすんじゃないですか？　本土だったら、隣の県の遊園地とか行けますけど」

（牧志から那覇空港まで乗せてくれた女性タクシー運転手・二〇一二年三月）

この章から、私自身が二〇一一年から沖縄県で断続的に続けてきた調査のデータを中心に、現代の模合について書いていきたい。沖縄本島南部と宮古島を中心に、模合についての聞き取りや模合の集会に参加してきた。

宮古島でも調査をしたのは、那覇周辺の模合調査で宮古島出身の方々と仲良くなり、「宮古のほうが模合は盛んだから、むこうにも調査にいったらどうか」と提案を受けたからだった。那覇では一人当たり参加模合の数が二つ〜三つという人が多かったが、宮古島では一〇やそれ以上も参加している人も珍しくなかった。確かに宮古島は模合が盛んだ。

また、短いながらも二〇二二年に、石垣島、多良間島でも調査をおこなった。

前述のとおり、記した年齢は話を聞かせてもらった時点のものである。また話題によっては、聞き取りした人の特定を避けるため、場所を明記していない。

模合のきっかけ

■模合は会う口実　堂々と家を出られる

現在主流の「親睦模合」は、親睦が主目的で、「ついでに」模合をするということになっている。しかし、なぜ親睦会をするのにわざわざ模合にしなければならないのだろう。以下、私が聞いた理由をいくつか並べてみた。

「模合は会う口実。模合だったら、正々堂々と家を出られる」（七〇代・男性・二〇二三年二月・那覇）

「言い方は悪いけど、足枷なわけ。模合という金の支払いによって集まる」（六〇代・男性・二〇一五年二月・那覇）

「ただの飲み会ではつまらない、みんな集まらなくなる」（六〇代・女性・二〇二二年六月・石垣）。

「模合だと行かないといけないし、ただコーヒー飲むのはもったいない」（五〇代・女性・二〇一五年八月・宮古島）

「金儲けではなく、遊び。何かしないと一か月たってもお会いできないから。会う機会を作るために」（七〇代・男性・二〇一六年一月・宮古島）

このように、ただ「親睦会をしよう」「みんなで集まろう」「今度会おう」といってもそれきりで、人はなかなか集まらない。そこで模合が登場する。模合にすれば模合金を支払わなければならないため、忙しくても、多少無理をしてでも参加することになる。では、どんなときに模合は始まるのだろうか。

■さまざまなきっかけで始まる模合

①「別れ」から始まる模合　卒業、転勤、解散など

模合が始まるきっかけは、卒業や転勤や会の解散など、「別れ」にあるとよくいわれる。たとえば、仲のよかった少年野球チームの保護者や、一緒にPTA活動に励んできた保護者は、子どもが学校を卒業すると、もう会うこともなくなる。あるいは、同じ職場で働いていた気の合う同僚が転勤したりやめてしまう。そんなとき、模合が始まる。

ある六〇代女性は、成人した子どものママ友模合と、同じく成人した息子のかつての少年サッカー保護者の会の模合に参加している。とくに、子どもの小学校卒業を期に始まったサッカー保護者の模合は、すでに三〇年以上がたつという。お互いの子どもの近況について、情報交換を続けている。「子どものプライバシー？　ないわね！　楽しいの」と彼女は笑う（二〇一七年三月・宮古島）。

三〇代のMさんは、いつも飲みに来ていたお店の常連さんや店の経営者一一名と模合を始めた。内地出身者の彼女にとって、初めての模合だ。彼女が、もうすぐ結婚して家が遠くなり、こ

れまでのようにしょっちゅう飲みに来られなくなると言うと、常連さんの一人が「だったら模合にしよう」と提案してくれた。おなじく内地出身の夫も「月に一回くらいなら」と、模合参加を許可してくれたという(二〇一二年三月・那覇)。

六〇代の女性は四つの模合をしているが、そのうち二つは、かつて勤務していた幼稚園の先生の仲間(先生や事務職員など)との模合である。「退職がきっかけで模合が始まった」という(二〇一七年三月・宮古島)。

同窓会で旧友と再会し、模合が始まることも多い。同窓会で久しぶりに友達に会っても、たいていは会が終わるとそれっきりになる。しかし、「せっかくだから同窓で模合をしよう！」と誰かが言えば、そこで新たな模合が生まれるのだ。

②関係を強めたいとき

弱い人間関係を強めるために模合をすることもある。「最近、自分の親戚やイトコの付き合いが薄くなっているから、親族で模合を始めた」という人に会ったことがある。

また、ゴルフコースでときおり出会う人たちが始めた「ゴルフ模合」や、店の常連さんたちの「常連模合」もある。ときどき会っている人たちと、「より強くつながってみたい」と誰かが感じたとき、「模合にする」というアイデアが出て、新たな模合が始まるのである。

③困ったとき

誰かが困ったとき(金が入用のとき)にも、模合が始まる。これがいってみれば本来の模合の形で、相互扶助である。誰かがお金に困り、仲間を募り、模合を「起こす」。このような扶助模合は、現代において、よりカジュアルに始まるようだ。

たとえば、宮古島在住の七〇代男性は、パソコンとプリンターを買い替えたいという友人に頼まれ、五万円の模合に参加した。座元(友人)以外のメンバーはよく知らない人だったが、友人のためにと参加したという(二〇一五年八月・宮古島)。

このように、目的が明確な模合は、発起人の目的が達せられれば一巡して解散する。しかし、扶助模合として始まり、そのまま親睦模合として続くパターンもある。

ある六〇代のタクシー運転手さんは、行きつけのスナックのママさんと常連さんとで模合を始めた。常連の若い女性が、「引っ越しをしたいのに不動産屋に払うお金がない」と困っていたため、六人で二万円の模合を始めた。

初回は彼女に取らせ、彼女は無事に引っ越しができた。最近ひとまわりしたが、そのまま模合を続けようということになった。

二巡目からは二〇〇〇円の積み立ても始め、そのお金で花束やケーキを買ってメンバーの誕生会を祝うという。「楽しいんですよ、これが」(男性・二〇二二年一一月・那覇)。

もう少し深刻なものもある。ある五〇代の同級生模合の始まりは、メンバーの交通事故だった。二〇代のときバイク事故を起こした同級生を助けるために、同級生模合が始まった。彼は模合のお金で治療をし、事故から復活したが、そのまま親睦模合として続いている(二〇一三年八月・糸満)。

④お金を増やしたいとき

お金を増やしたいときとお金が入用なとき(困ったとき)は、似ているようだが、区別はできる。

歴史編でみたように、座元が営利目的で模合を次々と立ち上げ、大儲けしていた時代があった。今は、そこまでの儲けを模合に求める人は少ないだろうが、高額模合の利子目当てで参加する人はいる。つまり、お金を増やす手段として模合に関わる人もいるのだ。儲け主義が度を超すと悪徳模合の登場となる。これについては八章で詳しくみよう。

また、先の中小企業のように、資金調達のために高額の模合をするグループも、いまだ健在である。沖縄は自営業者が多い県でもあり、模合にいくつか参加しながら、資金を調達するのである。

このように、模合が始まるきっかけはさまざまだが、そのきっかけの違いによって、①と②のような親睦模合になったり、③のように扶助模合から親睦模合になったり、④の金融模合になったりする。そして先に述べたように、一つの模合には、親睦、扶助、金融それぞれの要素が入っている。その割合の大きさによって、親睦模合になったり、扶助模合になったり、金融模合になったりするのである。

模合を始めるといろいろある

■模合の日程・取る人数

模合を始めようとなったら、まずは模合の頻度を決めねばならない。ただ現在は、月に一回が圧倒的に多い。[9]また模合は一年程度で一巡するのが良いと考えられており、メンバー数も一二名前後が多い。[10]一二名よりメンバーが多ければ、誰かが抜けても補充せず、それより少なければメンバーをリクルートするなど、調整しているグループもある。

模合は、メンバーが少なすぎると頻繁に取る順が回ってくるが金額が少なくなり、多すぎるとなかなか順番が回って来なくなる。よって、メンバーが多すぎる場合は一度に二名ずつ取ることもある。沖縄本島ではこのことを、「ターチアッカシー」（二人歩かせる）という。

メンバー数は、実のところばらつきがある。

私が聞いたなかで最小人数の模合は、宮古島で会った五〇代女性の模合で、わずか二名だという。彼女はこれを「二人模合」と呼んでおり、高校の同級生と一万円を積み立てていた（積み立て模合については後述）。積み立てを使って、東京に住む息子に会いに行くのだという（二〇一六年八月・宮古島）。

逆に最も多かったのが、七章で紹介する本島南部のとある議員を応援する模合グループで、二〇二二年一一月当時、メンバーは八〇名（メンバーによっては複数口かけていたため九〇口）にのぼっていた。コロナ前には一〇〇名を超えていたという。一年以内に全員が取ることができるよう一

9　糸満市のとある小学校の同級生模合は、珍しく三か月に一度のペースでおこなわれていた。毎月のときは集まりが悪かったが、三か月に一度となると集まりがよくなり、「九九％来る！」とそのメンバーは笑って話していた（二〇二三年八月・糸満）。

10　石垣島では、一三名が良いという人もいた。取るときに一万円（一名分）が場代としてひかれるからだという（二〇二二年六月・石垣島）。

度の模合で九人が取り、一〇か月で回していた(二〇二二年一一月・本島南部)。

毎月いちいちメンバーの都合を聞いて日程調整するのは大変なので、模合の日はたいてい固定される。たとえば、第三土曜日とか、毎月一〇日などである。

夜の飲み会スタイルの場合、翌日の仕事を気にせず集まることができる金曜日や土曜日が好まれる。しかし、すでにメンバーのほかの模合がバッティングしているなどの理由で、金・土をあえてはずすグループもある。また給料日などを考慮しておこなわれることもある。沖縄の給料日は内地と比較すると、五日、一〇日、二〇日などバラバラだというが、どちらかといえば「給料日は前半が多いため、同級生模合は第二土曜日が多い」と言う人もいた。

グループ名の付け方

次にグループの名前である。

仮に第二水曜日に集まるとすると、そのグループは、「二水会(にすいかい)」と名がついたりする(ほかにも、第三土曜日の「さんどかい」や第一火曜日の「いちびかい」など)。また、毎月一五日であれば「十五日会(じゅうごにちかい)」、一〇日に集まる「十日会」という名前がついたりする。このような日程をもとにしたグループ名は、模合の日がすぐに思い出せて便利である。

グループ名は、実用的なものばかりではない。同級生模合でよくあるのが、生年をもじってグループ名をつけることである。昭和三三年生まれであれば「三三会(さんさんかい)」、四四年生まれであれば、「四四会(よんよんかい)」、同級生が少なくなり、たとえば昭和四年、五年、六年生まれが合同で集まるなら、「四五六会(しごろくかい)」などの名前がつく。

　干支をとるグループ、たとえば寅年生まれの「寅の会」などのグループ名もある。

　そのほか、幹事の名前をとってグループ名を付けたりと、個性が発揮されていて楽しい。「とくに名前はない」という潔いグループもあった。

■模合を出す・取る(落札する)

　模合金の支払いは、飲食店にメンバーが到着してすぐ、幹事に手渡すことが多い。お酒が入る模合では、酔う前に渡しておくほうが安全だからだ。メンバーの集まりがバラバラの会では、ある程度メンバーが集まった中盤ごろ、集金するグループもある。

　幹事はメンバーからお金を預かると、模合帳に記録していく(写真)。市販のものやふつうの大学ノート、エクセルでつくった表などに記録する人も多いが、模合を管理する携帯アプリなどもあるようだ(琉球新報二〇二〇年一一月二五日)。そこには、メンバーの名前、日付、模合金の額、受領者、受領金額などが記される。それをみれば、誰が受領していないかもすぐわかる。幹事は、しっかりした人や几帳面な人が任されるようだ。なかには、「ずっと同じメンバー、同じ順番でぐるぐる回っ

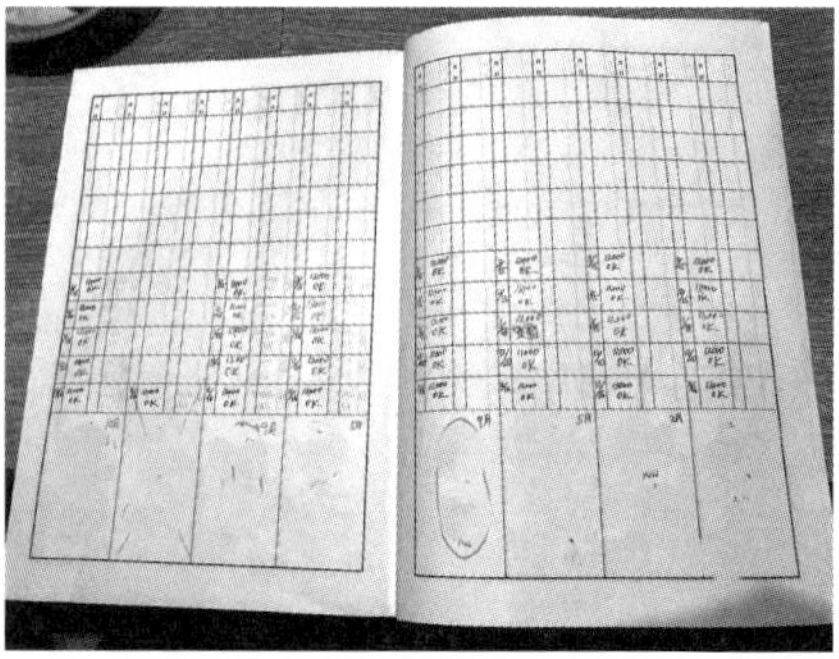

ある模合帳の中身(下の名前は消している)

模合金を受けとると笑顔になる（那覇）

ているから、何にも書かないし幹事もいない」という驚きの模合もあった（二〇一二年・宮古島）。

親睦模合で受け取る金額はさまざまだが、数万円〜一五万円程度のことが多い。人数が多い模合は先述のとおり二人で分けることもある。

模合をもらうとき、どのように受け渡されるのか、決まった形はない。グループによって、集めたお金をそのまま渡したり、あるいは封筒に入れて渡したりする。封筒に金額が書いてあることもある。受領者はそのままポケットにしまったり、念のために数えて、「はい、確かに。ありがとうございました」と言ったりする。封筒やお金をちょっと頭の上に掲げて「感謝」を示す人もいる。高額の模合になると、受領のサインや押印をさせるところもあった。

親睦模合の取る順番は、次のような「話し合い」や「譲り合い」が一般的である。以下は糸満の親睦模合で、二名の受領者を決めるやり取りである（二〇一五年八月・糸満）。

幹事Nさん「本日は八回目で残りが五回、一三か月かかっているはずですので、今回もし必要な人があれば、手をあげてください。酒を飲んでしまってはわからないので（一同笑い）、一応とってない人を読み上げますね。まず私、Aさん、Cさん、Oさん、……以上ですね。どうします？」
Cさん「取る人いなかったら、取ります」
Aさん「私も手をあげましょうか？」
Oさん「Aさん、後のほうがいいんでしょ？　じゃあ私が取るよ」
Nさん「じゃあ、CさんとOさんで良いですか？　はい、落札しました」
（一同拍手）

親睦模合では、このように譲り合うグループが多い。模合を受領することを、このグループのように、実際に入札はしていないが、「落札」と表現することがあるのは、ちょっと面白い。

■「車検」によく使われる模合のお金

模合から受け取ったお金を何に使うのか。もっとも多いのが、「車検」だという。車社会沖縄で、車検は避けられない大きな出費である。つまり模合は、沖縄の車社会の維持に貢献しているわけである。

ほかの使い道は、離島在住者であれば、沖縄本島への交通費（家族・親戚づきあい）、沖縄本島の人は、離島や内地などへ行く交通費に使う人が多い。また、誰かの祝い金、趣味の費用、生活費、交際費など、なんでもありうる。「ほとんどは飲み代に消える」という人もいた。

親睦模合を貯蓄のためと考えると、割に合わない。集会に参加するための交通費や飲食費を考えれば、自分で貯めたほうがいい、となるだろう。実際、多くの人は貯蓄が目的ではなく、仲間と楽しく集えるうえに、ときどきまとまった「小遣い」が手に入ると考える。

「もらったお金は模合の支払いに消えるので、考えてみたらお金を回しているだけだが、そのおかげでこういう場所にいられるから意味がある」という六〇代男性の言葉にあらわれているように、人と集う場を作り出すのが親睦模合である（平野二〇一四：五―六）。

模合金を受けとるとついおどける（浦添）

■ジャンケンで決めることも

親睦模合はたいてい利子が付かない。しかし「利子が付かないなら、早く取るほうが得だ」という人はいない。先にみたように、取りたい人がおらず譲り合うことが多い。とくにお金に余裕がある人は、「後でいい」（いつでもいい）ということになる。一般的には、「来月親戚の結婚式があるから」「今月車検だから」と、自分の出費に合わせて取りたいと思っている人が多い。二人の希望者が重なれば、ジャンケンやクジをすることもある。逆に、誰も取りたがらない場合にも、ジャンケンやクジをすることもある。

何年も同じメンバーで継続している模合だと、自然と受領順が決まってくるという。たとえば、同業者八人で五年くらい一万円の模合をしている五〇代の男性は、「最初はとる人を話し合って決めていたが、三巡目くらいからは順番が決まってきた」と話す(二〇一四年七月・那覇)。また六〇代男性は、何年も同じメンバーで模合をしていると、「最後にとっても最初にとっても同じで、区切りがわからない。幹事に聞かないとわからない。何回目かもわからない。いつ始まっていつ終わっているかも自分は知らない。だから幹事がしっかりしていないと」と話した(二〇一四年二月・那覇)。模合は始まったら解散するまで、こうしてぐるぐる回り続けるのである。

喫茶店での女性のランチ模合の様子(宮古島)

■模合で集う場所

模合をおこなう場所はなんどか書いているように、居酒屋やレストランが定番である。ほかにも、喫茶店、カラオケ店、ファストフード店などさまざまな飲食店でおこなわれている。

ファストフード店は、年金生活者には安く模合ができるとして人気である。ほかにも、各自で好きなものを注文して支払うので座料を計算しなくてすむし、「店に気を遣わなくて良い」という理由で、モスバーガーで模合をしている女性グループがあった(宮古島)。

オトーリをまわす著者（浦添）

オトーリグラス

ある那覇のホテルのバーでは、宮古島出身者の模合用に、オトーリグラスが常備されていた。オトーリとは宮古島の男性が好む泡盛の飲み方で、オヤがまず口上を述べて水割りを飲み干し、同じグラスで座にいる人たちに順番に水割りを飲んでもらう。一周すると、次に隣の人がオヤになり、延々と水割りを飲み続けるにぎやかなお酒の座だ。宮古島の男性の模合とオトーリは切っても切れない。

カラオケボックスは年配者の「カラオケ模合」でも人気だが、子どもが騒いでも音漏れしないと、子連れの女性グループにも人気が高い。

飲食店などがなかった時代には、「ヤーマーリ（家回り）」で、メンバーの家を順番に回ったり、オヤ（座元）の家でおこなっていた。今でも近くに飲食店がないような地域では、メンバーの自宅で模合がおこなわれることがある。宮古島や糸満で、メンバーの自宅開催の模合に参加したことがある。自宅開催は、料理作りなど家族の協力を仰ぐことが多い。

男性（あるいは男女混合）の親睦模合はほとんど、夜に居酒

飲食店の看板に「模合等・大小宴会予約承ります」(那覇)

屋でおこなわれる。メンバーのなかに居酒屋の経営者がいれば、その店が会場として固定されることもある。もしグループに二名の飲食店経営者がいれば、二つを交代で利用したりする。飲食店にとって、模合の会場に固定されると毎月一〇名ほどが確実に利用してくれることになり、メリットは大きいからだ。

ある六〇代男性の同級生模合は、同級生が経営する居酒屋Tで、何年も固定しておこなわれている。店主のDさんも、その同級生模合のメンバーだ。「模合があって助かりますか?」と私がたずねると、「模合があるからやっていけてるようなものです」との答えが返ってきた(二〇二三年三月・那覇)。Dさんはほかに二つの同級生模合に参加し、その二つの模合の会場も居酒屋Tである。

模合がないと本当にやっていけないかどうかはともかく、模合が売り上げに貢献することは間違いない。とくに平日に模合が入ると、飲食店の売り上げは安定するといわれる。そのため、店主自らがたくさんの模合に参加しているケースは多い。多くの模合グループに自分の店を使用してもらえるからだ。店側はサービスとして、模合グループに比較的安価な模合コース料理を出すこともあるだろう。

一方、女性が参加する模合グループは、男性に比べると、毎回違う店で模合を開催する傾向があるという(もちろん例外もある)。その場合、模合を取った人が次月の店を決めて予約するなど、グループごとにルールがある。また、女性だけのグループの場合は昼の「ランチ模合」も多く、ホテルのランチバイキング、喫茶店やレストランなどで昼間おこなわれる。これはあくまで一般的傾向で、女性グループが夜に模合をしていることもあれば、男性グループが年をとり、夜は危ないと昼間に変更するケースもある。

■模合の経済効果

このように、模合が沖縄の飲食業界に与える経済的効果は大きい。[11] 沖縄県は、居酒屋登録件数が人口一〇万人当たり約一一七と、全国一位だという(二〇一五年・タウンページデータベース)。[12] ただこれは、沖縄に大きな産業がなく、自ら飲食店経営のような零細サービス業に乗り出さなければならないという沖縄県の産業構造も背景にある(たとえば岸 二〇二〇、上原 二〇二〇a)。

模合の飲食費(座料・場代)の支払いは、模合金とは別に参加者で割り勘したり、模合金の一部

11　飲食店以外に、たとえばプロ野球オープン戦でも「模合シート」なる団体席が売りに出された。二〇一八年二月が初導入で、沖縄セルラースタジアム那覇の巨人戦で模合シートを買うと、全員分のビール1杯無料券とジャイアンツオリジナル模合帳が一冊もらえた（琉球新報「『模合』で巨人戦いかが　限定シート初導入」二〇一八年二月一日）。

12　タウンページデータベース（https://tpdb.jp/townpage/knowledge/ranking/53th.html）。二〇二三年二月一七日閲覧。

を飲食費として支払ったり、その日の受領者の受領金から差し引いたり（全員分・一部分）と、グループによって異なる。

　模合金から飲食費を引く那覇の異業種模合グループは、一万円のうち三〇〇〇円を飲食費、七〇〇〇円を模合金としていた。受領金から差し引く事例としては、宮古島の異業種模合グループは、受領金二〇万円から全員分（一〇名）の飲食代をまとめて支払うことになっていた。割り勘の場合、ランチなら一人一〇〇〇円程度、夜なら三〇〇〇円程度を支払うことが多いようだ。二次会に行くとそれはまた費用がかかるが、「二次会は取った人がおごる」というグループもあった。

■模合でビーチパーティー、ボウリング大会

　親睦模合では、年末に送別会、年始に新年会として、いつもより豪華におこなうグループも多い。年に一度のイベントとして、夏に「ビーチパーティー」をするグループもある。沖縄県以外の人は、ビーチパーティーが何なのかわからないだろうが、海辺でバーベキューなどをして楽しむことである（ビーチで泳ぐわけではない）。夏に、メンバーの家族も参加してにぎやかにおこなわれる。

　ほかにも、泊まり込んでおこなう「一泊模合」や、旅行に出かけるグループもあり、そこに家族が同伴することもある。家族ぐるみの付き合いにすることで、さらにメンバー同士の絆が強まる。五〇代の同級生を軸にした模合のビーチパーティーに参加したとき、中心メンバーの女性は言った。「ビーチパーティーはふつう夕方まで遊ぶもの。昼の二時や三時に終わるのはグループが団結していない証拠よ」（二〇一一年九月・那覇）。この模合グループは家族なども一緒に昼前に集まり、

肉を焼いてお腹いっぱい食べ、ビールを飲み、子どもたちはスイカ割りをし、その後ボーリング場へと場所を移し、夜はボーリング大会を楽しんでいた。

■集まらなくても模合？　集まるから模合？

集まらない模合もある。たとえば同じ会社の同僚で模合をする場合、同僚とはいつも会っているから、わざわざ模合で集まる必要はない（つまり親睦模合ではない）。たとえば那覇で働く五〇代女性は、給料日に幹事が各メンバーを回って模合金を集めるタイプの模合をしていた（二〇一一年・那覇）。親睦会がないこのタイプの模合は、金融模合の一種といえる。

宮古島の七〇代の女性も、「集まらない模合」をしていた。自分が「起《お》こし元《もと》」（発起人）で、メンバーを回って模合金を集め、取る人に持っていくという（二〇一二年四月・宮古島）。南風原町出身のタクシー運転手さん（六〇代）は、二〇年間一緒に働いているタクシー運転手仲間と、一四～五年続く模合をやっている。みな方々に散らばって住んでいるので飲み会はしない。幹事のところに模合金を持っていくと、ノートにきちんと書いて管理してくれている。お金を取るときも幹事が持ってきてくれるという（二〇一二年六月・那覇）。

模合のキモは、お金（やモノ）を集め、それをメンバーに順番に配っていくことである。よって、人が集まらなくてもお金を集めていれば模合なのである。しかし現在、模合といえば、人が集まって飲食することがメインのように思われている。

興味深いことに、お金は集めず月に一回集まってご飯を食べる会を「食べモヤイ」と呼んでいる人がいた（六〇代・女性・二〇二二年三月・宮古島）。また、「おカネを集めずにみんなで集まるだけなのに『模合』と呼んでいる」という人もいた（五〇代・女性・二〇一一年・那覇）。お金を集めず仲間と共食することを「模合」と呼ぶくらい、今では共同飲食と模合が結びついているのかもしれない。

積み立て模合と旅行模合

模合は、お金を集めて順番にメンバーに全額を渡すのが典型的なやり方である。しかしその変形として、誰も取らずにグループで貯めておくというものがある。前者が「取り模合」、後者が「積み立て模合」と呼ばれることもある。取り模合はすでに説明したので、ここでは積み立て模合について説明しよう。

模合金を誰も取らずに積み立てておく場合には、そのお金を座元や幹事が責任をもって預かる必要がある。銀行口座などをつくって、そこに預けているグループもある。印鑑と通帳は念のため別々のメンバーが持っておく、というグループもあった。

■「模合のお金って、ギフトなの」

では、そのお金を集めて何に使うか、である。積み立て模合の使い道でもっとも多いのが、「旅行」である。積立金を旅費にし、メンバー全員で旅行に行くのである。このような「旅行模合（あるいは旅模合）」グループは多く、国内のみならず、海外に行くグループも珍しくない。何か月あるいは何年か貯めておいて、ある程度貯まったら、メンバーで行き先を話し合う。あるいは「台湾へ行きたい」など最初に行き先を決め、そこに行くだけのお金を貯めていくパターンもある。[13]

宮古島では、学校教員や公務員が、退職や異動をきっかけに旅行模合を始めるという話も聞いた。「〇〇さんが退職だからみんなで旅行しよう」と模合が始まり、一年積み立てて旅行をしたら解散、というパターンもある(二〇一三年三月・宮古島)。

旅行模合に参加する理由としては、「こうでもしないとなかなか旅行にいけないから」であり、「沖縄はとなりの県でも飛行機に乗らないといけないから、お金がかかる」からでもある。宮古島で旅行模合に参加していた女性(五〇代)も、「宮古島では島外に旅行に行こうとすれば、どこでも結構なお金がかかる。だからといって、旅行のために個人で貯金はなかなかできない。どうしても生活に使ってしまう。でも模合にすれば旅行に行けるから、旅行模合をするのよ」と言っていた(二〇一五年八月・宮古島)。

また、那覇のタクシー運転手さんは、旅行模合は「自分のお金を出さずに旅行できるから、得した気持ちになる」と言い、別のタクシー運転手さんは(六〇代・男性)は、模合で旅行に行くと、「旅費が出て小遣いだけ持っていけばいいから、安くつく」と語った(二〇二二年一〇月・那覇)。

13　これとは違った例として、宮古島で、農協からお金を借りてみんなでハワイや香港に旅行に行き、帰国後みんなで模合をやって返済した、という話を聞いた（二〇一二年八月・宮古島)。積み立て旅行模合ではなく借金旅行返済模合である。

また宮古島の五〇代女性は次のようにいった。「模合のお金って自分のお金なのに、ギフトなの。儲かった！　降ってきたお金！　という気がする。積み立てても、毎月五〇〇〇円ずつでも貯めれば旅行に行ける。自分だけでは貯金できないし、できたとしても、そのお金を旅行に使ったりできない」（二〇一六年八月・宮古島）。

つまり、毎月お金を積み立てたのは紛れもない自分なのだが、模合で積み立てたお金は、自分のものであって自分のものではすでにない。だから、交通費や宿泊費は「模合もち」、お金の心配をしないで旅行を楽しめる。また、最後の女性が語ったように、自分だけでお金を貯めても、それを旅行などの贅沢には使えない。しかし旅行模合なら、もはや自分のお金ではないから、「大金を旅行に使うなんて」と後ろめたく感じずに、みんなと旅行を楽しめるのである。

■模合旅行は、国内も海外もどこへでも

具体例をみてみよう。宮古島の四〇代男性は、職場の同期入社の五名で模合をしている。毎月五〇〇〇円を積み立て、二年に一回旅行をしている。これまで、白川郷、韓国、ディズニーランドに行った。妻からは、「私とは新婚旅行も行っていないのに、いいね」と嫌味をいわれているという（二〇一六年一月・宮古島）。

六〇代の男性はバイクが趣味で、昔からどうしてもロサンジェルスの有名なバイクレースを見に行きたかった。そのため、同じくバイク好きの仲間一〇名で、毎月一万円ずつの旅行模合を始めた。しかし、お金も貯まり「さあ行こう！」となると、模合メンバーに不幸があったりして、な

かなか行けなかった。そうして模合結成後一〇年近くたち、十分な金額が貯まっていた。その頃、みなの都合がようやく合い、とうとうロスに行くことができた。そしてメンバーそろって、夢だったバイクレースを眼の前で見た。この模合はバイクレースだけが目的だったため、旅行の後、グループは解散した（二〇二二年五月・那覇）。

取り模合と積み立て模合を組み合わせるグループもある。アロマテラピストの四〇代女性は、那覇中・那覇高の同級生一〇名で模合をやっている。卒業してからもよく集まっていたが、二二～二三歳ごろから「模合にした」という。五〇〇〇円を模合として取り、三〇〇〇円は積み立てる。このグループの積み立てはメンバーの冠婚葬祭のときに利用するほか、旅行にも使う。これまでみんなであちこち旅行に行き、今年二月も白川郷に行った。だいたい四年に一度くらいは旅行に行く。しかし、個人や家族でも旅行しているメンバーが多く、旅行を企画する際、メンバー全員が喜ぶ行き先探しに苦労するという（二〇一五年八月・那覇）。

模合旅行の記念撮影。富山県で雪山を背景に

宮古島の七〇代の男性Dさんは、友人一一名と一万円で模合をしている。座料込みで、一部は積み立て、一部は取る。二年に一度、積み立てたお金で旅行に行く。この模合のメンバーは、五〇代から九〇歳まで年齢がバラバラで、もう三〇

年前からやっている。ハワイも行ったし、タイ、シンガポールなどの海外、去年は台湾へ行った。今年は長野県に行く予定である。会計担当Dさんが積立金を郵便局に預け、宿泊予約や飛行機のチケットを手配する。旅の行き先は、「どこへ行く？」と通帳をみんなで見ながら検討する（二〇一六年一月・宮古島）。この男性の妻も、旧職場の人たちと一六年ほど前から旅行模合をしており、主に近場（八重山、久米島、ちゅら海水族館など）に旅行しているという。夫婦別々に旅行模合をし、別々に旅行に出かけているのが面白い。

■全員行くことに意味がある模合旅行

旅行模合は、「メンバー全員で」旅行に行くことが重要である。六〇代のタクシー運転手さんは語る。毎月同級生一二名と、一万円の模合とは別に、五〇〇〇円を積み立てて旅行に行く。妻には内緒で、旅行に行くときは「宝くじが当たった」とごまかす。奥さんも模合をやっているが、お互いにいつ取って何に使っているかは言わない。これまで二〜三年に一度、メンバー全員で旅行した。九州は全県まわり、北海道やディズニーランド、台湾や韓国にも行ったという。「三泊四日だから、日程調整が難しい。みんな全員で行くのに意味があるから、一人でもいけないと延期する。だからなかなか行けない」。日程が合わず五年くらい旅行に行けなかった時期があり、その間たくさんお金が貯まったため、一一日かけてヨーロッパを回ったこともあるという（男性・二〇二二年一〇月・那覇）。

このように、全メンバーで行こうとするため日程調整が難しく、お金は貯まったのに旅行がのびのびになることがままあるようだ。また年配になると、旅行模合自体が難しくなる。七五歳の男性は、「同窓(同級生)」と五〇年以上模合を続けている。この一四年間は旅行に行くため、毎月一万円を一二名で積み立て、北海道から九州まで毎年旅行をしていた。しかし四年前から「足が痛い」など健康上の理由で行けないメンバーが増え、もうグループで旅行が出来なくなってしまった。この人いわく、古希(七〇歳)が健康問題の境目だそうだ。それまでは、旅行、ゴルフ、ボーリングなどを模合仲間で定期的にしていたが、今はグラウンド・ゴルフのみになったのが残念だという(二〇一二年一〇月・那覇)。

■積み立て理由はほかにもいろいろある

宮古島の平良に暮らす七〇代のNさん(女性)は、二つの積み立て模合をしている。「同期生」(同級生のこと)と、「友達」の模合である。同級生模合は、二〇代からずっと続いている。女性ばかり一一名で毎月一万円を積み立て、一年に一度メンバーで旅行に行く費用にしたり、行けないときは全員にお金を戻したりしている。以前はよく、宮崎県、北海道、東京などに全員で旅行に行っていたが、七〇代になり、メンバーの旦那さんが亡くなったり、親や夫の介護で手が離せない人が増え、旅行がだんだん難しくなっている。それでも毎月同じ店で、六五〇〇円のランチを食べながらの二時間のおしゃべりが楽しいという。

もう一つは、五人の友人との五〇〇〇円の積み立て模合である。一二月を満期にして六万円が貯まり、それを正月準備や孫のお年玉などに使う。年金の少ない人は助かるという(二〇一五年八月・

宮古島)。このように、彼女は二つの積み立て模合をし、一つ目は旅行という自分へのご褒美、もう一つは孫や家族へのご褒美となる。

浦添の高齢女性の模合に参加したこともある。メンバーは一〇名で、毎月座元の家やホテルのレストランで昼間に飲食を楽しみ、五月の母の日はバラエティーショーを見学するという(休憩時間に模合金を集める)。模合金は二万円で積み立てておき、年末に全員に戻される。やはり年配者にとって、孫へのお年玉がかさむ年末年始は物入りなのだ(二〇一一年八月・浦添)。

また、旅行に行かず、ただの積み立てになっているグループもあった。那覇在住の五〇代の男性は、辺野古出身の同級生との模合を三五年ほど続けている。現在のメンバーは七名で、ずっと積み立て模合をしている。みなで一回だけ韓国を旅行したが、それ以外は一巡したら、メンバー全員が同時に七万円ずつ受け取るという。お金は几帳面なメンバーがノートにつけて管理している(二〇一六年八月・那覇)。このように、旅行も行かずに積み立てにし、全員が一緒のタイミングで取ることのよさは、全員で取る喜びを共有できることだろうか。

ほかにも、さまざまな用途で積み立て模合をするグループがある。たとえば五〇代のタクシー運転手さんは、同級生と三か月に一度積み立て模合をし、積立金はメンバー全員でゴルフをするために使うという(二〇一二年六月・那覇)。宮古島の五〇代女性は、琉球舞踊を習っているため、衣装や笠の費用、おさらい会や東京への出張の費用を、関係者の模合で積み立てている。「お金がかかるので、積み立てていないとできないの」(二〇一五年八月・宮古島)。

■「自由だよ、模合は！」

那覇在住の五〇代の女性は、二つの積み立て模合をおこなっている。一つは「家族模合」で、両親、姉一名、弟二名、伯母、母の友人二名でおこなっている。親族とはいえなかなか集まれないので、模合はいろいろ話す良い機会になっている。第三日曜日に両親の家に集まり、母親の作るごちそうを食べる。夜だったり昼だったりするが、場代（飲食代）は払わない。積み立て式で、一月から毎月貯めて一二月に取ることになっており、一万円が一口で、二口、三口出している人もいる。物入りな年末年始に合わせて、みなで取るのだという。もう一つの積み立て模合は、前の職場の人たちとの模合で、男性三名、女性八名の一一名である。興味深いことに開催は「不定期」で、みなが集まりたいときにふらっと集まるため「ＦＬＡＴ」というのがグループ名になっている。場所もその都度決める。一〇〇〇〇円の積み立てで、旅行など目的を明確にせず「何かをやろう」とだけ決めている。始めて二年になる（二〇一四年二月・那覇）。

ＦＬＡＴのように、模合で「不定期」というのはあまりないが、一〇〇〇〇円という金額と、取り模合でなく積み立て模合だからこそ可能なのだろう。

取り模合ではなく積み立て模合をする理由として、「自分の田舎（沖縄本島南部）はあまりお金が要らない。野菜は自給自足だから買わないし。だから積み立てにしている」という意見を聞いた（二〇一四年七月・浦添）。また糸満の女性（六〇代）は、高校の同級生一二名で毎月五〇〇〇円を積み立てている。一年で六万円になるが、二、三年貯めることもある。子どもが小さいときは子どもの本代などにしたが、今は自由なので、何に使おうか楽しみに計画をたてている。幹事が毎月場所の予約や連絡をしてくれ、積立金を預ったり会計報告を送ってくれる。その幹事代(経費)として彼女に、各メンバー一年ごとに一〇〇〇円を支払っている(二〇一三年八月・糸満)。

また、初回だけ誰もとらずに積み立てておき、会のイベントなどに使うグループもある。このグループの模合金は一万円で、二八人のメンバー(三〇口)が毎月三人取るため、ふつうなら一〇か月で一巡するが、一回目は積み立てて誰も取らないので一一か月で一巡する。初回の手つかずの三〇万円を使って、毎年一回はバスを借りて県内旅行に行く。メンバーの家族は三〇〇〇円払えば何人でも参加できる(二〇一二年二月・浦添)。

まとめると、宮古島の男性Kさん(四〇代)の言葉のとおり、「自由だよ、模合は！　そのグループによってやり方はさまざまなんだ！」、ということになるだろう(二〇一七年八月・宮古島)。

■模合のお金は「みんなのお金」

さて、「積み立て」がなぜ模合なのかと思われるかもしれない。この章のはじめに「模合のキモは、お金(やモノ)を集め、それをメンバーに配っていくこと」と書いた。そうであるなら、積み立ては順番に取るわけではなく、いわゆる模合とは異なっている。しかし、積み立て模合もまた、銀行のように、個人が好きな金額を積み立てたり、それを引き出したりすることとは違う。あくまでみなでおなじ金額を集め、旅行代金などとして、時期が来たらメンバー全員が取るのである。

たとえば、六〇代男性Hさんと積み立て模合の話をしていたとき、「お金が〇万貯まった」と聞いて、私はなんとなく一人当たりの金額と考えてしまった。しかしHさんは、グループ全体の積立金の話をしており、一人当たりの金額ではなかった。私は積み立てと聞くと、修学旅行の積み立てのように、一人当たりの金額をイメージしてしまうのだ。

もちろん、旅行模合でどうしても旅行に行けないメンバーに返金するときには、一人分が計算されて返金される。しかしそれは、グループにとって不本意なことだ。せっかくみんなで積み立てた「みんなのお金」だ。それをバラバラにしないためにも、なんとか都合をつけて全員で旅行に行こうとし、「全員で行かないと意味がない」と、何年も待ったりするのだ。

もちろん旅行ばかりではない。慶弔費になったり、ビーチパーティーや新年会で少し豪華な料理に使ったりと、やはり積立金は、みんなで貯めてみんなで使うみんなのお金なのである。その意味では、取り模合よりも積み立て模合のほうがお金の「共同性」が強く、逆に「模合らしい」ともいえるのだ。

模合は組織である

■なぜ模合だと許されるのか

ある仲良し集団が「模合グループ」になるとは、どういうことだろうか。「飲みに行くと言ったら怒られるが、模合に行くといったら堂々と家を出られる」「模合なら奥さん(旦那さん)に気持ちよく送り出してもらえる」「子育てをしていても、模合の日はうちをあけることができる。遅く帰っても怒られない」、などと既婚者が話すのを聞くことがある。なぜ模合になると、同じ外出でも堂々と家を出られるのだろう。

模合が家を出る「正当な理由」になるのは、模合が一つの組織だからである。模合に参加することは、その組織の一員になることである。模合の集まりは組織の会合なのだから、ただの飲み会とは違う重みがでる。お金の支払いという義務もある。「模合にしよう」という呼びかけは、自分たちの集まりを確たる組織にすることなのである。

ただし模合という組織は、一巡したタイミングで切れ目ができる。子育てや介護などの理由で模合を休んだりやめたりしたいときには、一巡したところがタイミングだ。また、模合金を全員が受け取った最終回にグループは解散できるし、メンバーを入れ替えることもできる。何十年もやっている模合グループでも、創立メンバーがそのまま一人も変わっていないということはない。長年の間に、メンバーの入れ替わりがあるのが普通である。途中で抜けて戻ってきたり、やめてしまったメンバーがいたり、新たに加わるメンバーもいる。ある模合で、いつ頃から模合が続いているのか聞くと、誰も知らなかった。開始時のメンバーが亡くなるなどして、全員いなくなっていたのである。模合グループはそうやって新陳代謝を繰り返し、続いていく。それは模合という組織が、一巡するたびに小さく終了するという、一種の「自由さ」があるからである。

三章で述べたように、古い時代には模合が無事に一巡するのはめでたいことで、最後に小さいお祝いをしていたほどである。しかし現在の親睦模合は金額も小さいせいか、最終回でも特別なことはしない。しかし、ある模合で一回りしたとき、座元の男性は次のように言った。「また来月から始まりますので、みなさんよろしくお願いします」（二〇一四年七月・浦添）。多くの模合はこのように、一回りするとなんらかのアナウンスがある。ほとんどのメンバーはそのまま継続するが、小さな切れ目がここにある。つまり模合は、「一度入ったら抜けられない」組織ではなく、一回りだけ試してみることもできる風通しの良さがある。

■模合でも、限度はある

「ただの飲み会」で家を出にくいのは、沖縄の生活環境も影響しているようだ。沖縄では、職場から直接アフターファイブで飲みに行く人だけでなく、家に一度帰って着替えてから飲みに出かける人も多い。職住接近の人が多いことや、一度家に車を置いて出かけなければならないなどの事情があるようだ。

五年前に東京から帰郷した五〇歳のタクシー運転手さんは言う。「一度家に帰ると、なかなか出にくいんですよ。奥さんが子どもの世話とかやっているのをみると。内地のように仕事場から直行しないで、一回家に帰って車おいて飲みに行く。だから飲みに出かけるときも、うちのことやって、子どもにご飯食べさせて、買い物も必要ならして、うちのことをやってから行く。だから模合に集まる時間もまちまちになる」(二〇一二年九月・那覇)。この、一度家に帰って飲みに行くという環境も、模合という出かける口実を必要とするのかもしれない。

しかし、「模合は出かける口実になる」といっても、あまりにたくさんの模合に参加している人は、配偶者に気持ちよく送り出してはもらえない。ある女性(五〇代)は、「夫が小遣いの範囲でやっているならよいが、生活費からやるなら生活に響くから限度がある」と語った(二〇一一年八月・那覇）。

　また、内地出身の配偶者をもつ中部出身の二〇代女性は、「夫（東北地方出身）が模合の文化をわからなくて、模合に行きにくい。なんでそんな遅い時間に始まるの？　なんでそんなに遅く帰ってくるの？　と言われる」と話す（二〇一四年七月・那覇）。

　このように、夫婦で模合に対する価値観が異なると、模合の数に限度があるのは当然だ。しかし、多くの模合に参加する人にも言い分はある。模合の誘いを断るのは、ときに難しい。商売をしている人は、取引先の人に模合に入ってくれと言われれば断りにくく、また離島など狭い社会でも断るのは難しいという。宮古島で大企業勤めをしているMさん（五〇代）は、いってみれば地域の名士だ。年中あちこちから模合に入ってくれと頼まれる。このあいだも、三年くらい断り続けた模合グループに、酔った勢いでＯＫしてしまったという。Mさんは、「今は七つ入っているが、もう限界だ」と話した（二〇一二年六月）。

■途中で模合仲間がいなくなったら……

　模合の途中で、メンバーが不幸にも亡くなってしまったらどうなるのだろう。

　聞いてみると、まだその故人がお金を受け取っていない場合には、すでに受け取ったメンバーから故人のお金を徴収し、遺族に返金するという。問題は、すでに故人が受け取っていた場合である。遺族がもし故人から模合の話を聞いていれば、残りを清算するだろう。ある二万円模合のグループで、模合をすでに取っていた六〇代のメンバーがお亡くなりになった。葬儀のとき、すでに故人からそのことを知らされていた内地在住の息子さんが、模合グループに未払い金を清算してくれたという(二〇二二年二月・那覇)。

ただ、遺族が知らないときもある。大きな金額であれば、グループの幹事などが遺族に説明と返金のお願いすることもあるらしいが、一万円程度の親睦模合であれば、「うーん、まずはみんなで話し合うと思う。そしてたぶん、自分たちでなんとかする。香典の代わりと思って何も取らないかな」(六〇代・男性・二〇二三年三月・那覇)という意見が一般的かもしれない。また、一万円の親睦模合をしている宮古島出身の七〇代のタクシー運転手さんも、「模合メンバーの死はこれまで経験がない。奥さん連中が払ってくれりゃあいいが、無理には言わない。一人当たり一万円(の損失)だから」(二〇二二年二月・那覇)と話した。一方で、「それは取らないといかん。遺族に伝える」と言う人もいた(六〇代・男性・二〇二三年三月・那覇)。また、グループで積立金があればそれを使って補填し、遺族には伝えないと思う、という意見もあった。

逆に、死を意識したメンバーの話もある。糸満のある模合グループで、大病を患い大きな手術をする予定の男性メンバーがいた。彼は死を覚悟し、手術前に妻に頼んで模合金をすべて持ってきて、清算を願い出た。幸いにも手術は成功し、その人は模合に戻ったという(二〇二三年三月・糸満)。

なお、メンバー関連の慶弔に備える模合グループもある。メンバーの家族の慶弔に、グループで一括して香典や祝金、花輪などを出す。もちろん参列もする。その範囲をメンバー本人＋一親等まで、結婚は五〇〇〇円〜一万円、香典は一〇〇〇円〜一万円などとルールを決めているグループもあった。こうして模合グループは組織として、メンバーの悲しみや喜びを共にする。なお、慶弔制度がないグループは、メンバー個人で祝儀・不祝儀をやりとりすることが多い。

■模合の参加率は世代差がある

沖縄県では、どれくらいの人が模合に参加しているのだろうか。琉球新報社が二〇〇一(平成一三)年から五年に一度おこなっている「沖縄県民意識調査」には、模合に関する項目がある。最新の二〇二一年(令和三年)の調査はおこなわれているが、まだ正式に報告書として出版されていないので、二〇一六(平成二八)年の調査を見てみる(琉球新報社 二〇一七)。この調査(有効回答数一〇四七人)によれば、模合に参加「している」割合は四二・九%、「以前はしていたが、今はしていない」割合は一七・九%であった(琉球新報社 二〇一七::一七)。だいたい半数弱の人が参加し、過去に参加していた人も含めると過半数を超える。男女の差はほとんどない。

ただ世代差はあり、二〇代の参加割合が二二・五%と最も低く、五〇代が五五・七%で最も多い。「以前はしていたが、今はしていない」と答えた人のなかには、ただ休んでいるだけの人も、今後はもうやらない人も含まれているだろう。というのも、この回答をもっとも多く選んだのは七〇代以上(毎回二〇%以上)で、退職等による収入減や健康上の理由で模合をやめた人が含まれると思われるからである。これにより、模合をもっとも盛んにおこなっているのは五〇代ということがわかる。

若者が参加していないことについては一二章で改めて考えてみたいが、二〇二一(令和三)年の調査では、模合の参加率が全体に急激に下がっているという。模合参加率は「過去四回の調査で常に四割台をキープしていたが、二〇二一年の調査で一気に三割を割り込み、二八・六%に減少。若年層ほど参加率は低く、二〇代は一二%だった」と記事にある（琉球新報　二〇二二年一月一日）。この数字は、コロナ禍での調査となった影響が大きいだろう。コロナ禍と模合については一一章で考えてみる。

では次章から、親睦模合のなかでも、もっともポピュラーな同級生模合についてみていきたい。

六章　同級生模合の世界

同級生という幼なじみ

■もっともポピュラーな「同級生模合」

親睦模合でもっともポピュラーなのは、同級生と集まる模合である。同級生ではなく、同期生、同窓生と呼ぶ人もいるが、本書では「同級生模合」で統一する。模合文化を知らない内地の人たちに話すと、「え？　毎月が同窓会のようなもの？」とびっくりされることがある。確かにミニ同窓会といえるかもしれない。ただし、同級生模合のメンバーもやはり一二名程度であることが多く、同級生のなかでも仲の良い友と集まることになる。

琉球新報で長く続いている連載「ザ・モアイ（模合）」では、ほぼ毎週、沖縄県各地の模合グループが紹介され、記事には模合グループの歴史や活動が紹介されている。模合メンバーの笑顔の写真をみていると、こちらも暖かい気持ちになる。ただコロナ禍の影響で、二〇二〇年一二月二〇日（第八九五回）以降から休載しているようだ（二〇二三年二月現在）。

「ザ・モアイ」に登場する模合グループは、同級生模合が多い。民俗学者の大里正樹氏（以下敬称略）

が、連載開始の二〇〇二年四月〜二〇一〇年八月までの「ザ・モアイ」の三七四件の記事を分類したところ、六割を占めたのが同級生(大里は同期生と記載)模合だったという(大里 二〇一〇：七二)。連載の掲載数と実際の模合の数が比例するわけではないが、一般的にも模合といえば同級生模合がすぐに思い浮かぶほど、模合と同級生の関係は密接だ。いざ模合を始めようとするとき、仲の良い同級生は、真っ先に思い浮かぶメンバー候補である。

■中高の同級生から始まる模合

複数の模合に参加している人は珍しくないが、その組み合わせのパターンとして、同級生模合とその他の模合、たとえば元職場、あるいは気の合う仲間を集めた異業種模合などの組み合わせが多い。つまりたいていの人は、まず同級生模合に参加する。とくに中学校の同級生が多い。同じ地域に暮らす子どもたちは、幼稚園、小学校、中学校まで同じ学校に通うことがあり、中学校の同級生は言ってみれば幼馴染で、親兄弟も互いに知っているような間柄になる。

高校の同級生とは地元を同じくしないためか、中学校同級生の模合より数が少なくなるようだ。ただし離島出身者は、少し事情が異なる。たとえば、八重山には多くの離島があるが、島には中学校までしかない。そのため中学校卒業と同時に、子どもたちは石垣市内や沖縄本島の高校に別れて進学する。いわゆる「一五の春」である。そして離島の中学校はそもそも一学年の生徒数が少なく、さらにバラバラになるということは、大人になって小・中学校の同級生で模合をしようにも、模合をするに十分な同級生が近くにいないということになる。

たとえば石垣島在住の小浜島出身の女性は、近くにいる島の同級生は少ないから同級生だけでは模合はできない、と語っていた(六〇代・二〇二二年六月・石垣島)。そのため、石垣島本島では比較的集まりやすい高校の同級生と模合をする人もいるようだ。

もちろん、離島出身者以外にも高校の同級生模合をしている例はたくさんある。たとえばあるタクシー運転手さんは、首里高校と那覇商業高校の混合で二〇名の同級生模合を三〇年続けていると話した(男性・二〇一一年九月・那覇)。また五〇代のタクシー運転手さんは、高校の同級生がそれぞれ大学の同級生を連れてきて、一〇名で一万円の同級生模合をやっている。集会には、メンバーの妻子も来るという(男性・二〇一二年六月・南風原町)。また北部の村落部に暮らす四〇歳の男性は、地元に残っている同級生が少ないため、上下三学年合同で模合をやっていると話す(二〇二三年三月・那覇)。このケースはもはや同級生模合ではないが、過疎地域の「複式学級」のようなものだろうか。

首里の同級生模合のメンバーと著者

■模合に見るジェンダーギャップ

さて、中学時代の同級生模合をするといっても、中学卒業後すぐに模合が始まるわけではない。

模合が始まるのは、高校や大学を卒業し、内地に進学していた同級生がUターンで沖縄に戻ってくる二〇代前半、あるいはもう少し落ち着いた時期が多いようだ(ただしこれは今の中高年の語りであり、現役二〇代の若者には当てはまらないかもしれない)。

同級生模合は、男性だけ、女性だけのグループもあれば、男女混合のグループもある。男女混合の場合、そこでカップルが生まれ、結婚する例もあるという。また、若いときに男女混合で始まったのに、年を経るにつれて男女別のグループに分かれることもあるようだ。宮古島の五〇代の女性たちは、混合模合が男女に分かれた理由について、「男性がだんだん威張ってきて、女性メンバーを妻扱いするようになった。だから男性とは別れてやるようになった」と冗談めかして話した(五〇代・二〇一二年一二月・宮古島)。

一方、那覇で、宮古島出身者九名で同級生模合を長年やってきたという七〇代の女性は、以前は二〜三名の男性メンバーがいたが、「女性に圧倒されて居心地が悪かったのか、男性は全員やめてしまって、今は女性だけ」と笑う。今は女性だけで、友人の兄の経営する居酒屋の一室で、「酒を一滴も飲まずにずっとおしゃべりしている」という(二〇一八年八月・那覇)。年をとると、男女別のほうが気楽で良いのかもしれない。

■子育ての息抜きとしての模合

模合メンバーは長年の間に入れ替わっていくと先に述べたが、同級生模合では女性メンバーが結婚し子どもができて忙しくなり、模合を長期休むというケースが多い。その場合、子育てが終わった頃に再び模合に戻ってくる人もいる。ただし女性だけの同級生模合では、子連れ模合にして、中断なく続いている場合もある。

逆に、模合があったからこそ、子育て中に子どもをおいて出かけられた、という人もいた。たとえば、「子育ての息抜きに月に一度は模合で外に出た。その日は夫に見てもらっていた」（六〇代・女性・宮古島）という人や、「月に一回、子どもをおいておしゃべりできる。模合っていうと出やすい。夫も文句は言わない」（五〇代・女性・那覇）、「私にとって模合とは、子どもをおいて家から離れてリフレッシュすること」（四〇代・女性・宮古島）という人たちである。

■「何百回も同じ思い出話する」から楽しい

さて、同級生模合の楽しさは、なんといっても同じ思い出を共有していることである。ある五〇代女性が語るには、「みんな酔っているから、毎月同じ昔話をして、同じところで驚いて、同じところで笑うわけ！」（二〇一二年五月・那覇）。また空手を教えている四〇代M氏は、同級生模合では、「何百回も同じ思い出話をしている」と語る（二〇一三年八月・那覇）。

大人になり社会に出て、同級生はみなそれぞれに苦労している。でも同級生模合のときだけは、さまざまな利害を離れ、幼なじみと昔話で大笑いできる。よく言われるように、同級生模合では、どれだけ偉くなっているメンバーがいても関係がない。同級生は同級生であり、どこの会社の社長でも、あだ名で呼び合える平等な関係なのである。若い頃からお互いを知っている同級生の絆は、ほかの模合グループのそれとは異なる。「無礼講だし、同級生模合が一番楽しい」という人も多い。

■模合を辞めるわけ　嫉妬やいじめの記憶で

ただ、そのような理想的な関係ばかりとは限らない。同級生模合で、「良い車に乗っている。儲かっているんだな」などと言われ、なんとなく嫉妬を感じてやめた、と言う那覇で食堂を経営している男性もいた(五〇代・二〇一三年三月)。那覇で企業経営をするAさんも、四〇年続く同級生模合に入っていたが、嫉妬を感じてやめた。「全員ではなく、嫉妬する人間は決まっているんだけど」(六〇代・二〇一三年三月・那覇)。

また、学生時分にいじめなど嫌な思いをした人にも、同級生模合はつらい。ある那覇出身の六〇代のタクシー運転手さんは、当時荒れていたY中学の同級生模合に参加していた。しかし、「あるとき、いじめっ子が加入してきて、古い話をもちだすようになった。いじめられたほうはいつまでも覚えている。だから、自分から辞めてしまった」(二〇一二年三月・那覇)。学生時代のつらい思い出を抱える人にとっては、同級生模合はメンバーを選ばなくてはならない。

同級生ネットワークをつなぐ模合グループ

■同窓会、披露宴を下支えする同級生模合

同級生模合は、大きな同窓会を開催する時など、全国に散らばる同級生のネットワークのハブ

（中心）になることがある。たとえば、同級生が四八歳を迎え、大きな「トゥシビー（生年祝い）」の同窓会をすることになったとき、「模合のグループが機能する」。その学年の「元野球部の模合」は会場まわりを担当し、「元バスケ部の模合」は飲食まわりを担当、などと割り当てられる。同級生が亡くなるといった悲しみのときにも、亡くなった当人が模合メンバーではなくても、いくつもの同級生模合グループが花輪を出したりするという（二〇二二年二月・那覇）。また次のような話もある。ある本島南部の中学校の同級生が、盛大な還暦祝いをおこなうことになった。各地域（部落）の同級生模合に声掛けをしたところ、卒業生約三〇〇人中二〇〇人が、模合ネットワークですぐにつながったという（二〇二二年一一月・糸満）。

別々の同級生模合が合体して、同窓会のように合同の模合がおこなわれることもある。那覇市とその周辺に暮らす伊良部高校（二〇二一年三月閉校）出身の同級生模合グループ（五〇代）は、ときどき宮古島市内の同級生模合や、地元伊良部島の同級生模合と合同で集まることもある。また、東京や沖縄本島、宮古島で同窓会をするときも、連絡を密にして一緒に運営するという。宮古島の伊良部島出身者の同級生模合では、二万円の模合金のうち一万円は積み立てておき、必要なときに那覇から同級生を招いたり、自分たちが那覇に行く費用にしているという。

各地の同級生模合では、同窓会の費用が積み立てられたりす

伊良部高校正門　2021年3月閉校

る。

たとえば、宮古島のN地区で同級生模合をしている男性Tさん(六〇代)は、地元に残る同級生一六名と地元の外にいる同級生一四人の計三〇人で積み立て模合をしている。長年、この同級生模合をやっているが、現在、地元メンバー以外の同級生もいれて模合をしているのは、その学年が那覇で大きな同窓会をする予定があるからだという。目標は一人当たり七万円であるが、模合の開始が遅かったため、一月は五〇〇〇円、二月は二万円、三月は二万五〇〇〇円と増額して積み立てているという。模合というより、もはや同窓会の積み立てではあるが、その積み立てと管理を個人ではなく、地元の同級生模合が引き受けているのが面白い(二〇二二年三月・宮古島)。

また同級生模合グループは、メンバーの結婚式で余興をすることがよくある。同級生模合メンバーで、夜な夜な集まって余興の練習をした、という思い出を語る人も多い。加えて、結婚式場や大きなホテルがない時代や地方では、同級生が結婚式の運営に欠かせなかった。公民館などで結婚式をおこなった場合、テーブルセッティング、花嫁や親族の送迎の運転手、式が始まればビールのサーブまで、同級生(模合メンバーだけとは限らないが)が手伝ったという。ヤー(家)での二次会も、同級生が仕切ることが多かった(二〇二二年四月・宮古島)。

■模合は同級生ネットワークをつなぐハブ

北部のとある村在住のタクシー運転手さん(六〇代・男性)は、同級生模合で積み立てをし、同級生と旅行に行く。そしてその行き先は、「同級生が住んでいるところ」だという。村を離れて県外へ嫁いだり仕事をしたりしている同級生が暮らす町に、地元の同級生がこぞって会いに行くのだ。これまで、同級生を訪ねて千葉県や滋賀県などに行った。また内地の同級生が帰郷するときには、模合メンバーで歓迎会をするのが楽しみだという。同級生模合グループが、遠く離れた同級生との絆をつないでいるのである（二〇二二年一〇月・那覇）。

同級生模合は地元で組織されることもあれば、移住先で組織されたり、移住先と地元が近ければ、移住先と地元の同級生が一緒におこなうケースなどがある。[14] よって集会も、地元の場合は地元の居酒屋などで、多くの移住者が集まる那覇であれば、那覇周辺の居酒屋で集まるなど、さまざまである。

地元の同級生模合に、地元を離れた同級生が帰郷する際、「ゲスト」として参加することはよくある。模合のゲストとは模合の正式メンバーではなく、模合の宴会に参加するだけの人である。「大阪にいるA子が来週帰ってくるよ」となると、地元の同級生が先の例のように個別に歓迎会をする場合もあるし、ゲストとして模合に参加することもある。帰省した人だけでなく、同級生模合にふだん参加していないほかの同級生もふらっと遊びに来ることもある（ゲストは飲食費を支払う）。

また、内地などで長年働いており、帰郷したときゲストとして模合に参加していた同級生が地元にUターンすると、その同級生模合のメンバーになるケースも多い。長年地元を離れていた人にとって、同級生模合はホーム（帰る場所）になる。

14　沖縄の郷友会のなかには多くの模合集団が存在し、郷友会が模合集団を足掛かりに結成された例も多いという。また模合集団が郷友会組織において、中心的役割を果たしていた（石原 一九八六：三六―四五）。

たとえば六〇代のTさんは糸満出身で、大阪に本社がある会社に勤務し、全国を転々としてきた。五年前に定年し沖縄に戻ってきたが、「浦島太郎状態だった」という。そんなTさんを、同級生が模合に誘ってくれた。Tさんは、「あだ名しか覚えていなかった同級生と、いまは毎月楽しく飲んでいる」と喜ぶ(二〇一六年八月・那覇)。石垣島出身のタクシー運転手さんも、東京でずっとサラリーマンをしていた。石垣島に帰郷して五〜六年になるが、帰ってきて中学校の同級生に誘われ、同級生一五人と楽しく模合をしていると話す(六〇代・男性・二〇二二年六月・石垣島)。

お金に困り、同級生模合に参加した人もいた。四〇歳ごろ同級生模合に加入した男性は、自営業をしており借金に困っていたところ、同級生模合に誘われた。この男性は、「みなさん事情を知って、入ってすぐに取らせてくださった。助けられました。今もこの模合に入っていることに感謝しています」と語った(六〇代・二〇二二年二月・那覇)。

模合にふだん参加していない人でも、もし同級生模合の場所・日時を知っていれば、そこに行けば同級生に会える。同級生模合は先述のとおり、同級生が経営する居酒屋でおこなわれている場合がある。たとえば同窓会の開催について相談したいとき、同級生模合に合わせてその店に行き、メンバーに相談できるのだ。

このように同級生模合は、模合に参加していない人や地元の外にいる人も含めた同級生のネットワークのハブ的役割を果たしているのである。

■なあなあになりやすい同級生模合

同級生模合は、楽しいばかりでもない。

宮古島の女性(四〇代)が参加していた同級生模合に、模合金をなかなかもって来ない人がいた。「明日払うね、明後日払うねと言って、なあなあにされた」という。悪いことに、その支払いの悪いメンバーこそが幹事であり、みなから会費(場代)を大目にとっていたことも、ほかのメンバーは知っていた。わかっていたが面倒なので、みな彼女に任せていたという。

結果、この同級生とは縁が切れてしまった。「同級生はなあなあになりやすい」と、関係の近さゆえの難しさを語る(二〇一六年一月・宮古島)。

首里出身の六〇代タクシー運転手さんは、個人タクシーの同業者模合に加え、同級生の野球部の模合と、仲の良い同級生たちと三つの模合に参加している。

愛知や東京で長年働いて帰郷し五年になるこの男性は、なあなあでも構わないという。「同級生模合は、支払わない人がいてもみんな気にしない。内地に行って稼いで、帰って来たら払うでしょ」(二〇二二年九月・那覇)。

宮古島の四〇代女性は、支払い以外の問題を語る。

「同級生ムヤイは独身者が多くて、男女混合だと模合でくどいてくる人もいて、嫌だった。最初は三〇名で始まったが、そんな理由で抜ける人も多かった。それに、同級生の妹や友人までがメンバーに入ってきたりして、まとまりがなくなってしまった」(二〇一六年一月・宮古島)。結果、この女性はその同級生模合をやめたそうだ。

同じく宮古島の四〇代男性は、自分が加入する同級生模合について、「同級生の奥さんや友達などもどんどん加わって総勢二〇名になり、メンバーにはよく知らない人も混じっている」と話す(二〇一六年一月・宮古島)。

浦添に暮らす四〇代男性も、中学の同級生模合で、一時期は人が増え過ぎて困ったという。「同級生が家族や友達を連れてきてメンバーにし、模合に行っても、あんた誰？という人がたくさんいた。だから、そういうのはやめようということになった」(二〇一五年一二月・那覇)。

しっかり運営されている同級生模合がほとんどだろうが、同級生模合ではメンバーが同級生という甘えから、上記のような支払い問題やメンバーの増加などが起こりやすいのは確かのようだ。ただし、問題が起こって人間関係がこじれたとき、同級生以外のグループなら解散してもう関係は戻らないが、同級生の場合は、「喧嘩しても、また元に戻る」(六〇代・男性・二〇一五年八月・那覇)という人もいる。切っても切れないのが、同級生なのだろう。

同級生模合グループ百花繚乱

ここからは、具体的な同級生模合グループをいくつか紹介しよう。地域や世代によって、同級生模合のあり方も様々で個性があるからだ。

■模合は家族のようなもの　伊良部島出身者の模合(浦添)

この模合は浦添周辺で開催されている、宮古島の離島、伊良部島出身の同級生模合である。メンバーは昭和四〇年代生まれ(早生れ含む)で、伊良部中学・高校の卒業生が中心である。ほとんどのメンバーが幼稚園から高校までを同じ学校で一緒に過ごしてきた。高校卒業後、大学進学や就職で沖縄本島で暮らしてきた彼らは、普段からよく集まっていたが、模合にはしていなかった。しかし、内地の大学に行った仲間が卒業して沖縄本島で就職したのをきっかけに、平成五(一九九三)年頃(メンバーは二〇代前半)、一四名でこの模合を結成した。

当時はメンバーのほとんどが独身で、女性メンバーも半数を占め、一組のカップルが誕生して夫婦になった。続けるうちに、女性メンバーは全員、結婚や出産を機にやめてしまった。宮古島に帰郷したメンバーもいた。こうしてメンバーは徐々に減り、男性ばかり六～八名の時代が長かった。しかし、二〇一七年の同窓会がきっかけで、また女性メンバーが二名加わった。二〇一七年の調査時には、一年後輩のメンバーも一名参加していた。

現在メンバーはみな浦添周辺に住んでいるため、普段は浦添の居酒屋を中心に、場所を変えながら月に一度の模合をおこなっている。ふだんは少人数だが、宮古島や内地にいる同級生が沖縄本島に来るときは、声をかけて大勢で模合をやる。一万円の模合金のうち、現在は五〇〇〇円をグループで積み立てており、通帳はAさん、印鑑はBさんと、「念のため」分けて管理している。積立金は、夏のバーベキューなどイベントのときに使う。前は別に二〇〇〇円の旅行積み立てをして、東京で同窓会をしたこともある。

長年模合を続けるなかで、メンバーは困ったときに相談にのり、助け合ってきた。若い頃は、互いの結婚式で模合グループの余興をやった。宮古島と同じように、互いの子どもの名付け祝い、高校合格祝いなども、それぞれの家庭を行き来して祝う。「模合仲間は家族のようなもの」だという（二〇一一年〜二〇一七年まで複数回参加・聞き取り・浦添）。

■居酒屋開店を応援するために　安謝（那覇）の模合

Aさん（五〇代）は、現在八名の同級生と模合をしている。メンバーは小・中学校からの幼馴染である。場所は、同級生の経営する居酒屋である。同級生の店なので、メンバーでない同級生もよくゲストとして参加する。もともと二〇代くらいから同級生たちと定期的に飲んではいたが、「模合にはしていなかった」。模合にしたきっかけは、同級生が居酒屋を開店し、その店を応援するためだった。その店は残念ながらつぶれてしまったが、模合は今まで続いてきた。

一万円を集めて、うち模合金は五〇〇〇円、旅行に三〇〇〇円、慶弔費に二〇〇〇円を積み立てている。その慶弔費で、メンバーの祖父母・両親などの不幸がある場合、模合グループとして花輪を出し、参列をする。模合メンバー関係の葬儀だけでなく、メンバーではない同級生が亡くなった場合にも、模合グループとして花輪を出したこともあるという。

夏にはビーチパーティーを開き、メンバーの家族を呼ぶ。Aさんは、「同級生とは仕事の話はしない。楽しく遊ぶための模合だから。話題は昔話。同級生同士は、会ってもはっきりモノをしゃべる。酒を飲んだら遠慮はない。ストレスもない。必ず二次会があって、カラオケをしている」。

一〇年前にみんなで旅行した宮古島の酒蔵に一升瓶を二本預けてある。そろそろおいしい古酒になっているころなので、六〇になったらみんなで還暦祝いで再度宮古島に旅行して、それを飲むことを楽しみにしている（二〇二二年五月・那覇）。

■アグ（友達）に会う楽しい時間　池間島の模合

宮古島の離島・池間島（写真）は、「カツオ漁で儲かっていたから、模合をする必要がなかった」（八〇代・男性）そうだが、もちろん過去にやっていた人たちはいて、現在も同級生模合をおこなっている人たちがいる。

七〇代男性の池間中学校の同級生たちは、池間島に暮らすメンバーの家で、毎月模合をしている。宮古島の市街地に住む二名を含む七名が参加する。市街地に暮らす二名は毎回自家用車で来て、運転代行で帰宅する。もともと市街地の居酒屋でやっていたが、池間島から行くのにお金がかかるため、島の同級生Bさん宅で集まることにしたという。

現役時代は忙しくてなかなか模合ができなかったが、退職して集まろうということになり、模合を始めて三〜四年になる。メンバーのKさんは、「模合はアグ（友達）に会う楽しい機会」だと語る。三線のプロのメンバーがいるため、三線や民謡、踊りが加わることもあ

池間大橋を渡り模合に行く

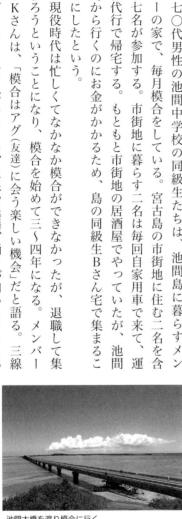

る。

模合金は一万円で、自宅を会場にして手際よく美味しい料理を作ってくれるBさんに、メンバーはカンパとして一〇〇〇円を渡す。模合の使いみちについてメンバーのNさんは、「七万円でも助かる。那覇に行かねばならんときとか」という。

市街地に住む人にとっては、月に一度の帰郷となり、旧友と池間の言葉で心置きなく思い出話ができる機会になっている（二〇一八年八月・宮古島）。

■ひたすらおしゃべり　宮古島女性の模合（平良）

同じ中学出身の五〇代の女性五名で、毎月模合をしている。開始したのは一年前だ。五〇〇〇円で積み立て模合をしていて、みんなで旅行に行きたいと話しているが、メンバーはみな仕事や介護で忙しく、まだ一度も旅行には行けていない。

私が参加した日は、埼玉に移住して三八年になる同級生がゲスト参加していた。彼女はときどき帰郷しては、同級生と会っている。今回はゲストもいるので、カラオケスナックのＶＩＰルームに一九時半から集まってみんなでカラオケをした。声楽を専門とするメンバーがいるので、みなで発声などを教わりながら歌う。しかし歌うのはときどきで、ほとんどはおしゃべりだ。誰もアルコールは飲まないが、盛り上がる。

夜が更けると、ジュースなどを買って徒歩で行けるメンバーの自宅に移動し、そのまま三時ごろまでしゃべり続けた。学校にいた風変りな先生の話などの昔話や、来年二月の同窓会の話など、話は尽きなかった（二〇一六年八月・宮古島）。

■垣根を越えて「野球大会もやる」　首里の模合

同じ中学校の元野球部だった昭和三〇年代生まれの同級生を中心に、地元首里で毎月集まっている。幹事のTさんにちなみ「Tちゃん模合」という名がついている。始まったのは今六〇代のメンバーたちが二〇歳の頃で、二〇二二年現在、四〇年ほど続いている計算だ。

当時の創立メンバーは三名残っているが、転職、転勤、家族の都合などでメンバーは替わっていった。もともと男性ばかりだったが、現在（二〇二二年）は女性が一名参加している。場所はメンバーの一人でもある同級生Mさんが経営する居酒屋に固定され、場代は三〇〇〇円である。欠席する人はMさんの居酒屋までお金を預けに来る（幹事のTさんに立て替えを頼む人もいる）。欠席者も一〇〇〇円を支払う（コロナ禍では、欠席者にお弁当が渡されていた）。

現在のメンバーは一一名で、模合金は一万円で利子はなし、複数口加入可で、二口入っている人が四人いるため合計一五口である。一五口だと一五か月かかるため、「こまめに取ろう」と一五万円を五万円ずつにわけ、毎月三名がもらう。「自分たちは六〇過ぎて、いつ死ぬかわからんから」と、幹事のTさんは笑う。取る順番は、車検や冠婚葬祭の予定がある人が優先され、とくになければメンバー同士で話し合う。

Tさんは、エクセルで自作の模合帳を作っている。その表をみせてもらうと、女性メンバーは一名のはずなのに、ほかに二名の女性の名前があった。Tさんにたずねると、二口入っている人の二口目は、そのメンバーと同じ苗字の中学時代憧れの女性の名前にしているのだという。同級生模合では、「あの頃」の気持ちもよみがえるのだ。

若い頃は、互いの結婚式で余興をするため、仕事の後に公民館などに集まり練習をした。今は、メンバーの孫が甲子園に出るとなれば、みんなでお祝いをする。

模合仲間は喜びだけでなく、悲しみも共有してきた。四年前、「Tチャン模合」を誰よりも楽しみにしていたメンバーが亡くなった。彼の葬儀には模合グループで花輪を出し、一回忌と三回忌にもみなで参列した。本当は今年も行きたいが迷惑かもしれないので、次の七回忌まで待つという。

またこの模合は、一つの中学を超えた広がりがある。那覇やその近郊の中学校の元野球部員を中心に毎年秋に集まり、野球大会と親睦会がおこなわれている(コロナ禍で中断中)。幹事の中学校は持ち回りで、卒業した中学のグラウンドなど合計三つの野球ができる場所を予約し、浦添より南にある一〇数校の中学の同窓生対抗のトーナメントをおこなっているという。夜はホテルなど大きな会場を借りて宴会をする。そのときは、元野球部の同級生だけでなく他の部活の同級生も集まるという。

このように、複数の中学校の同級生と付き合えるのは、中学時代、野球部員同士が練習試合や公式戦で顔見知りになっていたことによるものだという。春には、卒業中学対抗のゴルフ大会もおこなわれている。野球もゴルフも、次年度の幹事は優勝した中学がおこなう決まりになっている(二〇二二年二月、六月、二〇二三年三月・那覇)。

■七〇代から始めた模合　高齢女性の模合（糸満）

糸満市K地域では、昭和四年生（二〇一三年当時八四歳）の女性八名が毎月第一月曜日に集まり、同級生模合がおこなわれている。普段は一〇時～一二時までと午前中におこなうが、私が参加した日は午前中に行事があったため、メンバーは一四時前からKコミュニティーセンターに集まっていた。台所の設備があるため、そこでお茶やお菓子の準備をする。この日はスイカやぼうろ、やかんに熱いお茶が準備された。

一四時を一〇分過ぎて電動車いすでやってきたメンバーには、「二時を過ぎているよ」と注意が入ったほど、時間厳守のようである。夫がいる人は三名で、五名は「独身」である。この日の欠席者は一人で、模合金をメンバーに預けていた。

北谷に嫁ぎ、毎回K地域まではるばるやって来るMさんは、「同級生だから。模合がなければ、たとえ同じKに住んでいても会わないのよ。ここで昔話をするのが毎月楽しみ」と語る。ほかのメンバーも口々に、「模合が楽しみ。心が晴れるの」「模合が生きがいです」と話す。昔は男性メンバーもいたので夜に集まっていたが、「歳をとったから夜はやめた。腰も足も痛いし」と笑う。

この模合グループの始まりは意外にも最近で、二〇〇一（平成一三）年（数えで七三歳）からであり、始めたときにトゥシビーのお祝いとして秋田に旅行に行ったという。

現在、模合金を一万一〇〇〇円集め、うち一〇〇〇円を積み立てている。昔は五〇〇〇円を積み立てて九州を旅行したこともあるが、今はもうそんなに遠くには行けないという。行くとしても、近場の豊見城や瀬長島の温泉くらいになった。そのため、公民館を借りたりお菓子を買ったりするのに、一〇〇〇円だけ積み立てている。

一四時半を過ぎた頃に模合金が集められ、おしゃべりが静まった。集める係のOさんが、お金を受け取り模合帳に記入していく。本当は今日の欠席者Cさんが取るはずだったが、彼女が忙しくて来られなかったため、Oさんが今月取り、Cさんは来月取ることになった。

このグループでは初回にくじ引きをして、取る順すべてを先に決めている。途中で欲しい人が出てきたら調整する。Oさんは、「ありがとうございます。七月だから旧盆に使います」とお金を取った。

メンバーに模合のお金の使い道をたずねたところ、旧盆以外に、「孫の小遣い」「正月の費用」「お年玉」との答えがあり、この年代の女性は、自分ではなく孫や家族のために使っていることがわかる。やはり「お年玉は大きいさ。一〇〇〇円というわけにはいかないし」ということだ。

ほかにも、若い頃のユイマールの楽しかった思い出や、K地域の男性の五人に四人が戦争で亡くなったことなどを話してくださった（二〇一三年八月・糸満）。

以上いくつかの同級生模合の事例から、その温かく楽しい雰囲気が伝わっただろうか。こういう模合の時間は、生きがいであったり、リフレッシュであったりするのだ。

■地元を「分厚くする」模合

この章では、もっともよくある模合として、同級生模合について述べてきた。時に問題を抱え

幼稚園からの同級生の楽しい模合

るグループもあるようだが、同級生と模合のつながりはこれまで述べたようにとても強い。同級生とつながるための模合なのか、模合をするための同級生なのかというくらい、両者は密接だ。

　同級生模合がもっとも多いのは、同級生という人脈をほとんどの人が当たり前にもっているからだろう。緊張が走る先輩・後輩関係（たとえば 打越 二〇一九）とは異なり、同級生同士は気取ったり気を遣ったりする必要がない。同級生という人間関係は、模合のための重要な資源なのである。

　また、離島出身者の同級生模合のように、移住先で地元の同級生と会い、方言で話す時間は、故郷を生きる時間にもなる。一方、地元にとどまる人の同級生模合は、地元の同級生の関係を強くするのみならず、各地の同級生をつないだり、地元を長く離れていた同級生を地元に溶け込ませるホームの役割を果たし、地元を「分厚くする」役目を担っているといえる。

七章　さまざまな人をつなげる模合

前章では、親睦模合の典型ともいえる同級生模合をみてきたが、模合は同級生のように最初から人間関係ができている人をつなぐばかりではなく、模合がなければつながることが出来ない人びとをつなぐ役割もある。本章では、多様な模合をいくつかに分類し、みていきたい。

同業者模合と異業種模合

共存共栄をめざす同業者模合

これまで紹介してきたように、仕事関係でも模合は活発に組織されてきた。四章の「企業模合」とも重なるが、こちらではもう少し親睦要素が強いものを紹介しよう。仕事の模合を大きく二つに分けるとすれば、同業の仲間でつくる「同業者模合」と、違う業種の仲間でつくる「異業種模合」になるだろう。まずは同業者模合をみていく。

宮古島市のある居酒屋経営者Aさん（五〇代）が座元をする模合は、二〇日におこなわれるので「二十日会」とよばれている。メンバーほとんどが飲食店の経営者である。ランチタイムに、座元

Aさんの経営する居酒屋に集まり軽く飲食をするが、お酒は出ない。メンバーは食事の料金（座料）一〇〇〇円をAさんに支払う。五万円の模合でメンバーは一〇名だが二口が一人いるので、一一か月で一回りをする。受領の金額は五五万円となり、利子は定額で一〇〇〇円と決まっている（取った人は次から五万一〇〇〇円を支払う）。

かつては取るときに連帯保証人を付けていたというが、今はしていない。座元Aさんはそれについて、「この模合は気心のしれた仲間同士で、事業も順調な人を選んでいる」ため、保証人がいなくても心配はないという。取る順番は前もって決めるときと、当日の話し合いで決めるときがある。取りたい人がいないと、じゃんけんやくじ引きもする。後のほうで取りたい人が多いため、最初のほうでは嫌々取る人が多いという（二〇一八年七月・宮古島）。

糸満の七〇代女性は、元教員の女性たち二〇名で毎月模合をおこなっている。現在は「元」小学校教員であるが、現役時代からもう四〇年以上続いている。現役時代の模合は、「同業者」である教員同士の仕事上の情報交換だったが、現在は親睦が主目的だという（二〇一四年七月・糸満）。

石垣島で、タクシー運転手と石垣牛の牧場経営をしている六〇代の男性は、同じ牧場経営者同士一〇名で三か月に一度、一五万円（ひと月にすると五万円）の模合をおこなっている。三〇か月（二年半）で一回りし、受領金は一五〇万円にもなる。その大金は牧場経営のために利用するという（二〇二二年六月・石垣島）。

しかし考えてみれば、同業者同士はライバルではないだろうか。耳寄りな情報をつかんで模合で同業者に話してしまったら、損をすることはないのだろうか。

車関係の会社を営むAさんは言う。「沖縄はヨコの繋がりが強いから。ライバルでも関係ない。助け合いなんですよ。共存共栄したいのが基本だから」（二〇二二年五月・那覇）。

つまり、自分の会社だけが儲かれば良いのではなく、みんなで共存共栄しようと考えているというのだ。もちろん企業秘密など言えないこともあるのだろうが、根本の姿勢は、模合メンバー全員の事業がうまくいくのが理想なのだ。これは、もともと模合に組み込まれている相互扶助の精神にも通じるところがあるように思う。

■刺激のある戦略的な異業種模合

重機販売業のYさんは、取引先のさまざまな業種の人を巻き込んで七名で模合をしている。三、四年は沖縄にいるという内地のメンバーには、「模合は沖縄の文化だから」といって誘って、参加してもらったという。Yさんによれば、この模合は楽しみのためというより、「自分の仕事をやりやすくするため」だ（二〇二一年一〇月・那覇）。このように、戦略的に模合を使っている人もいる。

現在は、「異業種模合」のほうが、とくに那覇などの都会では主流かもしれない。

異業種模合に参加している人たちは、異業種模合がいかに同級生模合と異なるのかを語る傾向がある。異業種模合のメンバーは同級生のように「なれ合い」ではなく、「スマート」な関係というわけだ。

しかし実際には、同級生模合のメンバーも職業はバラバラで、異業種模合といえる。ただ、異業種模合はさまざまな職業のメンバーが集まるだけではなく、育った環境や経験が、同級生たちよりも多様なのだ。同級生模合に「なれ合い」の楽しさがあるとすれば、異業種模合には「刺激」がある。同級生模合では仕事の話はあまりしないという人が多いが、異業種模合ではあえてほかのメンバーの仕事の話を積極的に聞き、見聞を広げるという。異業種模合に参加するタクシー運転手さんは言う。「同じ職場だと、ほかのことがわからない。異業種模合だと、それぞれの仕事からいろいろなことを吸収できるし、情報が得られる」（五〇代・男性・二〇一二年六月・那覇）。

先述の車関係の会社を経営するAさんは、同業者模合は情報交換が有益だというが、異業種模合は「商売につながる場合もつながらない場合もある」という。異業種模合の場合、模合で長く付き合っていくと、たとえば、「Aさんはいい人だから、彼から車を買おうかな」となる場合がある。しかしAさんが強調するのは、それは結果にすぎず、最初からの打算ではないということである。模合のメンバーが困っていたら自分も助ける。「〇〇関係に知り合いはいない？」とメンバーに聞かれたら教えるし、自分も聞いてみる。「一〇〇％ではないが、年齢も商売もバラバラだから、声をかければたいていは誰かが知っている。異業種模合は、人脈を増やすという意味がとっても強いわけ。友達みたいになってくるからさ。長くやっていると、本当に気の合ったメンバーだけが残る」（二〇一二年五月・那覇）。

こうして、もともと同級生模合ほど親密な間柄ではなかったにも関わらず、異業種模合や同業者模合でも絆が生まれていくのである。

Aさんはいう。「座元がやめて解散しても、座元以外のメンバーで模合が続くこともある。逆に、長く続かない模合には、何かが欠けているわけさ」（二〇一二年五月・那覇）。

■異業種模合は人脈をつくるため

異業種模合を一つ紹介したい。Gの会は同じ高校の空手部の同級生四人が集まり模合をしようと、それぞれが信頼できる友人を誘い、二〇〇〇年ごろに始まった。四〇代を中心に、三〇代、二〇代の若いメンバーも含め、合計一三名、うち女性は一名である。半数が企業経営者やフリーランスなどの自営業者で、若手経営者の会でもある。ほかのメンバーの模合が週末にたてこんでいるため、毎月第二水曜日、仕事終わりのメンバーが二〇時ごろから三々五々集まってくる。場所は那覇やその周辺の飲食店で、前月に取った人が翌月の店を決める。飲食店経営者が複数いるため、その店を使うことも多い。年に一度は家族も招待してビーチパーティをする。

模合金は一万円で、そこから三〇〇〇円の場代をひいて七〇〇〇円が受け渡される。飲食をしない欠席者からも一万円を集める。受領者は、一三人×七〇〇〇円＝九万一〇〇〇円を取る。

全員が揃った頃、一人ひとりが近況報告をする。事業の経営状況、新しい事業計画、家族の話、旅行の計画などが自由に話されるが、ときに事業の苦しさを率直に語り、支援を求めるメンバーもいる。そうすると、模合仲間としてできることはないかとみな思案する。実際、このメンバーは互いの事業を助け合っている。

四〇代メンバーのAさんが飲食店を開業する際も、店舗探しは不動産関係のS氏に、厨房の設備や内装はU氏に安く引き受けてもらった。Gの会の模合をAさんの店でおこなったり食事に行ったりする形での応援もある。また、長野県出身の三〇代Iさんは、二〇歳の頃、沖縄に来た。

いろいろな仕事をしたが、今は那覇で飲食店を経営している。メンバーEさんに誘われ、四年ほど前からGの会に参加するようになった。模合はGの会も合わせて三つやっているが、すべてEさんと一緒に参加している。IさんはGの会に参加していることについて、「人脈が多いほうが店の経営がうまく行くし、Gの会は経営者が多いから、良いアドバイスやつながりをつくることができる、参加してよかった」と話した(二〇一一年より複数回)。

親族の模合

■沖縄戦体験を語りつぐ場にもなる模合

親族で集まる模合もみていこう。

三章の昭和初期の山口の講演では親族の模合は「一門模合」として紹介されており、親睦のためと「宗家救済等に利用され」(那覇地方裁判所・検事局 二〇〇四(一九四二):三六九)て結構あると述べている。この宗家(本家)救済型は、今でもあるようだ。たとえば琉球新報の記事には、兄弟姉妹で模合をし、それを積み立て行事の費用を捻出する、という記事があった(二〇一二年三月一九日)。模合は法事にも役立てられるのだ。

親睦目的の親族模合の例を紹介しよう。宮古島の六〇代男性は、同級生模合などに加え、イトコ一二人と二万円模合をしている。一万円は「取り模合」にし、もう一万円は飲食費を支払った残りを旅行のために積み立てている。二年に一回、みなで海外旅行に行き、これまで台湾、中国、韓国、シンガポール、マレーシア、ベトナムなどアジアを旅しているという(二〇一六年八月・宮古島)。

一方、貯蓄目的の親族模合もある。公設市場で働いていた那覇の二〇代男性は、父、妻、祖母、オバと五人で五〇〇〇円の模合をしている。ただし集まっての親睦会はふだんはしない。取る人をあらかじめ決めておき、模合金は模合の日に取る人のところに直接渡しに行くという(二〇一一年九月・那覇)。

糸満出身の三〇代の女性は、イトコなど親族で一万円の模合をしている。二四口(二口入っている人もいる)あり、ひと月に二人が取り、一年で一巡する。親族はバラバラに暮らしているので、模合金は取る人の家にもっていったり、県外にいる人の場合は振込んでくる。実際にメンバーが集まるのは、盆と正月くらいだという(二〇一三年一月・那覇)。

かつての那覇市第一牧志公設市場

同じく、糸満出身の七〇代の男性はイトコと模合をしている。その模合では、七〇代の自分が最も若い。自分はまだ戦争のときには幼かったため、模合座では毎月、上のイトコたちから戦争の話を聞いてきたという(二〇一三年八月・糸満)。模合座は、このような戦争体験を語り継ぐ場にもなるのだ。

■自宅の建設のために高額模合

石垣島に暮らす三〇代女性は、一口一万円で、一〇数名の親族と模合をしている。一人二〜三口の加入者もいるので、全部で三〇口になる（現在コロナで休会中）。祖母の家にイトコ、オジ、オバ、自分の両親が集まる。どのタイミングで誰が取るかは家族の事情が考慮される。たとえば子どもの多い人はクリスマスにとり、本家の人はお盆の準備に合わせて取ったりする。逆に彼女のような独身者は、誰も必要がないときに取ることになりがちだという（二〇二二年六月・石垣島）。

親族で高額の模合をおこなうこともある。

七〇代女性は、二つの親族模合をしている。毎月第一日曜日の模合と、年に二回の模合である。前者は親睦目的で模合金は一万円であるが、後者の模合金は一口二十万円で、二口かけている人もいる。年間四〇万円なので月にならせば三万円強である。一一口あるので、取るときには二二〇万円もらえる計算だが、取るスパンが五年半はあまりに長いので、二人で一一〇万円ずつ取ることにしているという（二〇一三年八月・糸満）。

この例のとおり、親族同士は信頼度が高いため、大きな資金を作りお互いの生活を向上させるという一種の金融・扶助模合になることがある。そして、子どもが内地の大学に進学するなど、親族ならではの家庭の事情が考慮され、必要なタイミングで模合を取ることができる。

ほかにも糸満で農家を営む七〇代男性は四〇年ほど前、自宅の建設に三〇〇万円が足らなくなり、兄弟や親戚に依頼して模合（年模合・年に二回）を発起した。初回に利子なしで取らせてもらい三〇〇万円を手にし、無事に自宅が完成したという(二〇一二年一一月・糸満)。

■引きこもりのイトコを参加させるために

お金以外の親族の助け合いもある。糸満出身の四〇代男性は、イトコ二〇名で模合をしている。模合金は一万円で、二〇万円を二名で分けて取る。このイトコ会のきっかけは、家に引きこもってしまったイトコを家から出すためだったという。そのイトコに、「いくらなら払える?」と聞いて金額を設定した。男性曰く「そういうのが模合なんだよ」(二〇一五年二月・那覇)。

このように、親族模合は親睦であれ助け合いであれ、お互いの家族生活や経済状況があるていど共有されているがゆえに、互いに細かい配慮ができるのだ。

地域・近隣の模合

■近所づきあいの模合

模合の始まりのきっかけの一つが、別れのときと述べた。その背景には、模合がなければなかなか会えないという都会の状況がある。一方、ここで述べる地域・近隣模合は、同じ地域に暮らす近隣の人とおこなう模合で、流動的な都会の人間関係に比べ、ある程度は固定的な関係である。ただよくいわれるように、近所に住んでいてもしょっちゅう会ったり話したりするわけではない。宮古島の五〇代女性は、「昔は家を出るときに扉に鍵をかけなかったけど、今はかける。昔は歩いて出かけたから、地域の人とあいさつをしたり、顔を合わせた。しかし今は、自宅から車に乗って出かけてしまい、地域の人と会うことも減った」と話す(二〇一五年八月・宮古島)。

宮古島の離島の来間島に住む七〇代男性も、地域模合の重要性について、こう語った。「こんな小さい地域でも、ずっと顔を見ないときがある。疎遠にならないように、模合は必要なんだ」(二〇一五年八月・来間島)。

つまり、小さな地域社会でも、偶然出会ったりわざわざたずねることが減っているため、模合は地域社会の結節点となるわけである。次に、地域模合をいくつか紹介しよう。

「銀行より利子が高い(笑)親睦模合」

B地区模合・南風原町

南風原町B地区の模合は、毎月八日に地区内のレストランでおこなわれている。メンバー数は、このレストランの店主含めて一四名である。毎月二名が模合を取る。創立当初は女性もいたが、この一五年ほど女性メンバーはいない。年齢はバラバラだが、若いメンバーは四名から一名(二〇代)に減り、全体に高齢のメンバーが多い。

この地域はベッドタウンとして新しく移住する人が増え、もともと住んでいた住民は半数以下となった。この模合グループは、メンバーとして新住民も歓迎している。とくに、B地区の活性化に関心がある人が望ましいという。実際、メンバーのなかには町おこしのために個展を開いているアーティストや、作家活動をおこなっている人、教育委員長を経験した人など、地域のために活動してきた人が多い。またこの模合グループは、B地区の自治会長を多く輩出している。

模合の日の夜七時半～八時ごろ、メンバーは店に集まってくる。来た人はまず一万五〇〇〇円を会計に支払う。一万円は模合金で、二〇〇〇円は飲食代、三〇〇〇円は積み立てである。積み立ては旅行に行くのが目的で、最近では四年前に南大東島へ旅したという。集まった模合金一四万円を二人でわけて七万円ずつ取る。取りたがらない人が多く、「落札者」(この会では取る人をこう呼んでいる)を決めるのに苦労する。私がこの模合に参加したとき(二〇一一年九月・B地区)のやりとりは以下である。

会　計　今日は誰が落札しますか？　必要な方はいませんか？　誰もいませんか？

……誰も手をあげない……

会　計　誰もいませんか？　会計として困る。順位からいくと、Aさん、Bさんとなりますが。

Aさん　私は来月にしてください。

会　計　いや、誰か取らないと困る。

Cさん　取る人がいなければ、私が取ってもいいよ。

Bさん　来月旅行があるから、私は来月に取りたい。

会　計　じゃあ、今日もらって貯めておけばいい。

Bさん　いやあ～(笑)……。

会　計　じゃあ、BさんとCさんに決まり！

こうして、BさんとCさんそれぞれに七万円が手渡された。模合のお金をメンバーが受領するとき、受けとった人に対して自然と拍手がうまれた。拍手の意味は、「おめでとうございます」「よくがんばりました」という意味があるという(ただし二〇一三年八月に参加したとき拍手はなかった)。

この模合は親睦模合だが、取った人は次回から百円の利子を払うことになっている。「親睦だから一〇〇円。でも、銀行よりは高い(笑)。一〇円ではかっこがつかないから」ということだった(二〇一二年六月)。一〇〇円の利子に、実質的な意味はあまりない。ただ、「ジン(銭・お金)については真面目にやらないといけないから」(六〇代・男性)ということだ。この男性は、詩人で評論家の高良勉氏であり、彼の本『魂振り』におそらくこの模合のことであろう、次のような興味深いエピソードが紹介されている。

ある地域の親睦模合で、一万円に五〇〇円の利子を付けていた。ある時一人のメンバーが、親睦なのだから利子を撤廃しようと意見し、大勢が賛同しかかった。そのとき、ある年配のメンバーがこう言ったという。「銭はタダでもうけたり、タダで使ったりしてはいけない。いつもウスリをもって使わなければならない」。ウスリとは畏れのことで、結局この模合では、「銭のウスリ(畏れ)」として三〇〇円の利子が残ったという(高良勉　二〇一一：九四—九五)。この本が書かれたときから時間がたち、二〇一三年には三〇〇円が一〇〇円になっていたのだろうか。

お金が目的ではない親睦模合であっても、銭(ジン)を扱うことには違いない。だからこそ、ジンを受け取るのであればそれを畏れ、利子をつける必要がある。利子には仲間への感謝や負い目だけではなく、ジンそのものへの畏れや敬いも含まれているのである。

■地区の問題も話し合う地域模合

Tとなり組模合（宮古島・市街地）

宮古島の市街地T地区にある「Tとなり組模合会（以下T模合）」は、「遠くの身内より近くの他人」をモットーに、T地区の飲食店で、毎月二五日におこなわれている。T模合の開始は、一九七九年のT地区の創設と軌を一にしており、この模合は、長年T地区の核となる団体であった。現在の会長は二〇代目である（二〇一八年七月現在）。

現在のメンバーは会場の店のオーナー含む一八名で、「出たり入ったり」の人もいる。この地域は新しく開拓されたため内地からの移住者も多い。メンバーのなかには、内地で宮古島の女性と結婚し、定年を期に夫婦で宮古に移住したカップルや、「宮古嫁」として宮古に来て三〇年というメンバーもいる。年齢は六〇代以上の人が多いが、母の後を継いだ二代目の若者もおり、職業も出身地も多様である。

月一回の模合集会は一九時からで、「酔わないうちに」模合金を集め、一九時四五分ごろからは受領者を決める話し合いが始まる。「誰がまだ取ってない？」などと取る人を募り、お金を渡す。二〇時を過ぎるとオトーリが始まり、カラオケにうつっていく。

模合金は五〇〇〇円で合計九万円になり、そこから二万五〇〇〇円の座料（ふだんは座料なし）と会の積立金五〇〇〇円がひかれる。積立金は、新年会や雑誌（模合グループの地区雑誌『T』）の発行費、グラウンド・ゴルフの商品代などに利用される。その残り六万円を二人がわけて取ることになっている。また、これとは別に、一人当たり五〇〇円の地域の街灯料金を支払っているという。

かつては、T模合主導で、T地域の運動会を毎年近くの小学校で開催し、地区の住民がこぞって参加していた。ほかにも、地区の清掃活動をはじめ、子どもの駅伝大会、書道教室、敬老会、観月会などのイベントもT模合メンバーが主導してやっていた。また節目ごとに、活動を記録した冊子も定期的に発行されていた。しかし、地区全体を巻き込むようなイベントはだんだんおこなわれなくなり、現在は模合メンバーでグラウンド・ゴルフや忘年会をするくらいになった。

しかしT模合は今でも、ただ楽しむ以外に、T地区の問題を話し合う場にもなっている。また、地域で行事をおこなうときや議題があるときには、「役員会」もおこなっている。つまり、この模合は今でも、T地区をまとめる組織なのである。

S地区模合（宮古島・郊外）

宮古島の「田舎」にあるS地区模合を紹介しよう。S模合は、この地域の青年たちが八名でスタートさせた。一九八二（昭和五七）年の結成当時二〇〜三〇代だった青年たちも、今では六〇〜七〇代となっている。結成当時のメンバーは六名残っていて、新しいメンバーが八名加入し、現在は一四名である。S地区では、市内（平良）に家を建てたら「出世した」という考えがあり、今も出ていく人がおり、地区は過疎化、高齢化しているという。

男性のみで第三土曜日、地区内の飲食店か、ときどきは市内の居酒屋で集まる。かつてはメンバーの自宅持ち回りでやっていたが、今は「お母さんたち（妻のこと）が歳をとってきて無理」だという。ただ年に二〜三回は、メンバーの自宅でやることもある。次回の会場は、その日に取った人が決定をする。その人は座を指名した「やーぬす（家の主）」となる。

模合金は一万円で、希望者がいないとクジになるが、取りたい人がいなくて幹事は苦労している。受領金は、一四万円から一万円を当日の座料として引き（残りは割り勘）、別に一万円の会費を積み立てるので、一二万円になる。この模合座で聞いた受領金の使い道で珍しかったのは「飼っているヤギを増やすのに使う」、というメンバーがいたことだ。

積立金は、観月会や正月のグラウンド・ゴルフ大会、バス旅行など、年間行事のイベントに用いる。このようなイベントは模合メンバーだけでなく、S地区の人を巻き込んでやる。メンバーの言葉を借りると、「地域のおばあをもてなす」のだという。やはりこの模合も、地域のなかで存在感を示すグループである（二〇一一年三月・宮古島）。

伝統文化を支える地域模合

■ミャークヅツを支える模合（宮古島・西原）

宮古には、ミャークヅツ（豊年祭）という男性が主人公のお祭りがある。ミャークヅツをおこなう地域は、池間、佐良浜、西原の三か所で、この地域の人びとはみずからを「池間民族」と称する（笠

原 二〇〇八)。もともと池間島に暮らしていた人たちが、佐良浜と西原に分村し、池間島のお祭りであったミャークヅツも、それぞれの地域に受け継がれていった。三つの地域ではそれぞれ、毎年旧暦八月・九月の甲午の日から三日間(池間)、あるいは四日間(佐良浜、西原)かけておこなわれる。三か所とも同時におこなわれるため、お互いに見物に行くことはできない。だからなのか、この三つのミャークヅツは似ているところもあれば、違いも大きい。

模合との関係で紹介したいのは、西原地域の事例である。西原では四八歳(学校の「同級生」一学年が単位)になった男性は、ナナムイという祭祀組織の一員になる。ミャークヅツは、このナナムイの男性たちが運営を取り仕切る。西原のミャークヅツでは、四八歳の男性、つまり新しくナナムイに「入学」した男性たちを「新入生」として祝う。また各家庭でも盛大にお祝いが催される。

西原のミャーグヅツのひとコマ　(2019年10月)

ナナムイは七年後に「インギョウ(卒業)」することになっている。ナナムイにいる間の男性たちは「ニガイウヤ」と呼ばれ、年六回おこなわれる祭祀に参加する。新入生は入学を祝われるだけでなく、「先輩方」に奉仕する役割をもつ。かつ新入生は、その後一年間のナナムイの儀式の費用を負担する必要がある。その負担は一人当たり一〇万円を超えることもあるという。そのため、将来の新入生はナナムイに入学するのに合わせ、模合でその費用を積み立ててきた。ただし現在は新入生の数が少なく、ミャークヅツの準備のための模合はできない状態だという。ある六〇代男性は、自分が入学するときには同級生と一緒に、入学の五年前から、一人当たり一二万円を積み立てたという。「いきなり一人一二万円は出せないから」。県外の人は振込で参加していたという(二〇一三年三月・宮古島)。

ミャークヅツには、地元に残る男性だけでなく、沖縄本島や日本の他府県にいる人たちも一斉に帰郷する。とくに入学は一生に一度の機会であり、必ず帰郷する。そういう地元を離れて暮らす入学予定者たちも模合に参加するのだ。このように、模合は間接的に、ミャークヅツや地域の祭祀を支えてきたといえる(写真)。

■糸満と八重山をむすぶ模合(糸満)

「エーマ糸満会」は、糸満在住の八重山地方の出身者や、職場が八重山の人、八重山が大好きな人が集まる模合である。場所は、糸満漁港そばの竹富島出身の女性が経営する居酒屋だ。私が参加した二〇一三年当時のメンバーは一五名、模合金の一万円に加え、座料二〇〇〇円、積み立て五〇〇〇円で、積立金はメンバーの慶弔費用・見舞金、イベントの広告料に利用していた。

この模合は一九九八年ごろに始まり、はじめは毎回、テーマを決めて短い講演をしたり、三線を引いて八重山を代表する民謡「とぅばらーま」を唄ったりしていた。旅行積み立てはしていないが、会長の故郷である与那国島にメンバーで旅行したこともあり、一同は行政から大歓迎を受けたという。

とぅばらーまの歌唱コンテスト「とぅばらーま大会」は、石垣市や那覇市でおこなわれていたのだが、あるとき、ここ糸満でも「とぅばらーま大会」をやろうということになった。そして、この「エーマ糸満会」が主催し、戦後六〇年の節目の二〇〇五(平成一七)年に第一回「とぅばらーま糸満大会」を開催した。多くの参加者が歌声を披露し、五〇〇〇人の観客が集まる大盛況の大会となった。歌い手は本島北部や内地からも来るという。石垣市では行政主体だが、糸満大会は現在もエーマ糸満会が主導しておこなうイベントとなっている。この会の模合メンバーは一五名だが、賛助会員は五〇名ほどいるということだった(二〇一三年八月・糸満)。二〇二二年一〇月には、コロナ明けで四年ぶりの第八回目の大会がおこなわれたという。

このように、地域模合は各地でいろいろな役割を担い、地域の「楽しみ」を支えている。

友人・知人の模合

模合は、同級生や地域など近しい人とだけするものではない。模合にすれば、誰とでもつながることができる。ここでは、友人・知人で組織された模合を紹介したい。

■「黒一点」のJさん模合(宮古島・市街地)

宮古島で、男性が一人の「黒一点」模合がある。その男性Jさん(六〇代)が中心人物で、「Jさん模合」と呼ばれている。

Ｊさんは話す。「宮古島の男性の模合は、酒やオトーリがつきものだが、自分は体を壊して酒が飲めなくなってしまった。男性たちは、模合といえば夜に飲み会がセット。だから僕は、自分が知り合った気の合う女性たちと昼間においしいコーヒーを飲みながら模合をしています」。

というわけで、Ｊさんと一〇名の女性メンバーは月に一度の昼下がり、コーヒーのおいしい喫茶店で一万円の模合をしている。Ｊさんはもう少し具体的に、この模合の開始のきっかけを話してくれた。

Ｊさんは、父親の三回忌でお金が入用になり模合をしようと思いたったが、一〇年間酒をやめていたため、男友達がいなくなっていた。そこで、同僚や高校の先輩や仕事で知り合った人に声をかけたところ、たまたま女性ばかりになった。女性たち一〇名のうち六名は内地出身者で、宮古島に移住して一〇年以上住んでいる人から三年くらいの人までさまざまである。Ｊさんの父親の三回忌も無事に終わり目標を達したので一巡でやめてもよかったが、「当然のように」二巡目に入ったという。模合の開始は二〇一四年四月で、この二〇一八年当時は五巡目になっていた。

内地出身メンバーのＮさんは、宮古に来て初めて模合に誘ってくれたのがＪさんで、「なんだか本当の宮古の人になれた気がして嬉しかった」という。

この模合の参加者は年齢もバラバラだが趣味人がそろっており、面白い映画や本の話題など、話はつきない。年に一度はお茶だけではなくランチをし、一二月には忘年会もする。メンバーが内地に帰ってしまうときには、夜に送別会をすることもある。

私が参加した日は、模合を取りたい人がなかなか決まらなかった。話し合いの結果、新しく参加したJ子さんに決まった。J子さんは、「わたし、新人ですけど良いですか?」と恐縮しつつ、一一万円が入った封筒を受け取った。そして、「孫が一〇日間うちにいてすっかりお金が無くなってしまったので、その補填にします」と言い、みんな笑った。

メンバーのIさんはこの模合が気に入っている理由として、「普段は子育てと会社だけなので、いろんな方とお話できるのが楽しい。ここの模合はいろいろな人がいるので、とても刺激的です」と話した(二〇一六年八月、二〇一八年六月)。

■インターナショナル模合(北谷)

四〇代の男性Gさんは、那覇に住んでいるが、毎月北谷まで行き、模合を楽しんでいる。模合金は一万円でメンバーは一一名、利子はない。メンバーは男女混合で、三〇代の若い人も多い。父がアメリカ人のためアメリカと沖縄を行ったり来たりしている女性メンバーなどもいて、インターナショナルな雰囲気である。友達の友達、といった感じでつながった模合だという。

Gさんは那覇でも模合をしているが、「中部(北谷)でわざわざ模合をやるのは、ここに来て、那覇とは違う雰囲気を楽しみたいから」だという。私が参加した日も、アメリカンビレッジのおしゃれなバー風のレストランでメンバーがダーツを楽しんだり、カクテルを飲んだりしていた。Gさんはこの模合に、別の模合で一緒の二人の友達と参加している。メンバーの居住地は、宜野湾、浦添、首里などバラバラで、みな地元とは違う雰囲気を求めてわざわざこの模合に来るようだ(二〇一五年八月)。

■ゴルフ模合(那覇)

　中年以降の男性に多いのは、模合とゴルフをセットにしているグループである。「Tクラブ」はそのような模合グループで、発足して一三年(二〇二二年現在)ほどになる。メンバーは五〇代から七〇代までの男性一二名で、メンバーの歳の差は最大一八歳である。豊見城、宜野湾、浦添、西原、那覇、福岡など出身地はさまざまである。毎月二二日、おもろまちのとある居酒屋に集まる。この店の大将も、Tクラブのメンバーである。また、ゴルフコンペを三か月に一度おこない、その日は朝からゴルフをし、夜は模合をする。新年会と忘年会は、某ホテルで少し贅沢に、メンバーが踊りを披露するなどして楽しむ。

　模合の始まりは、とあるゴルフコンペで出会った人たちが、このメンバーで「模合をやりましょう」と言ったことがきっかけだった。しかしその言い出しっぺのメンバーは四七歳という若さで、模合開始二年目に癌で亡くなった。最も若かった彼を偲ぶ会として、現在も続いている。模合参加者は一二名で、うち二名は八重山と福岡在住のため振込が認められている。幹事のKさんが彼らのお金を引き下ろして持ってきたり、取るときには彼らに送金したりしている。

　一口二万円だが、一・五口(三万円)の人が四名いるため、合計は二八万円になる。模合金(利子なし)に加え、慶弔費として一〇〇〇円も集めている。この一〇〇〇円の積み立ては、還暦祝い(六〇歳になるメンバーには還暦祝いとして沖縄で焼いた「酒甕」をプレゼントする)や慶弔費用に用いる。また、旅行のために五〇〇〇円を積み立てているメンバーが六名いる。積み立てていないメンバーは、旅行のときに自費で参加することは可能だという。ただ現在はコロナ禍で旅行の見通しがたたなくなり、この積立金は二〇二一年に個々人に返金された。

メンバーの年齢がバラバラで、一番の若手(五〇代)が「先輩」の酒(泡盛の水割り)を作ることになっている。その代わりこのメンバーから場代はとらない(二〇一四年二月より二〇二一年九月まで複数回・那覇)。

■社会貢献グループ模合(糸満)

「おむすび会」というグループ名は、沖縄県警少年課勤務だったUさんとYさんが、子どもの非行問題を抱えた保護者の自助グループを開催したときに起きた「おにぎり」にまつわるエピソードが由来である。Uさんは、夕飯も食べずに駆けつけたであろう非行少年の母たちの心と体を満たそうと、おにぎりとみそ汁を作ってふるまった。そしてYさんも偶然に「母親の無償の愛」を表現しようと、母親が作るおにぎりをモチーフにした童話を制作し、プレゼンテーションをおこなった。こうしておにぎりは二人にとって忘れられないモノとなった。

子どもの健全育成に取り組んできたUさんとYさん、そして志を同じくするボランティアやPTA活動をする人たちがつながり、「楽しいことでも集まろう」と模合が始まった。模合の名称は「おむすび会」に決まった。「おにぎり」から「おむすび」に変えたことには意味があるという。Yさんによれば下記のように、おむすび会をとおして様々な「えん」を結びたいとの思いがあるという。

・【円】を結ぶ→「模合」
・【援】を結ぶ→「互いに支えあう」
・【縁】を結ぶ→「よき出会いの場」
・【宴】を結ぶ→「楽しい宴」
・【園】を結ぶ→「楽園」　一人ひとりが認めてもらえる心の居場所
・【演】を結ぶ→「演出」　季節行事を楽しむ
・【炎】を結ぶ→「心の炎を燃やす同志」　共通言語は〝こどもの健全育成〟
・【塩】を結ぶ→「お清め＆運を寄せる」
・【遠】を結ぶ→あの世を〝少し〟遠ざける
・【延】を結ぶ→寿命を延ばす
・【笑ん】を結ぶ→笑顔で会って笑顔でさよなら。また来月も笑顔で会いましょう！

幹事のUさんは、「一年くらいで終わるだろうと思っていた」と話すが、たくさんの〝えん〟を結び、現在(二〇二三年)まで「おむすび会」は続いてきた。

おむすび会メンバーは年齢も職業もバラバラだが、「こどもの健全育成」が共通言語であり、熱く語り合う。一方、メンバーの誕生日会やクリスマス、ハロウィーン等のイベントを開催して楽しんできた。メンバーにとっておむすび会は、「何か嫌なことがあってもここに来たら吹っ飛ぶ場所」だという。

模合金は一万円で、コロナ前はメンバー一〇名、うち二名が二口にして（架空二名のメンバーの名前は穴埋めをもじって「穴梅子さん」「穴梅男さん」）合計一二口、一年で一回りするようにしていた。しかしコロナ禍でお金だけを集める期間が二年近く続き（二〇二〇年四月、五月は完全にストップ）、解散危機となった。このとき、「この会を終わらせたくない」と思ったUさんとYさん含むメンバー四名（女性三名、男性一名）が、二〇二三年一月より集まりを再開させた。しかし四名では模合として少ないので、Uさんの母が一口加入することになり（出席しないので「透明さん」と名付けられている）、現在五か月（五口）で回っている（二〇二三年三月・糸満）。

おむすび会の模合帳と幹事のUさん（糸満）

以上のように、人びとはさまざまなきっかけや出会いを模合によってつなぎとめ、一緒に楽しんだり、ときに悲しんだり学んだりしながら、月に一度集っているのである。

政治と模合

■合同模合で一〇〇名集合

政治家は、模合の参加数が多いことで知られる。その理由として、「一つの模合グループに参加すれば一〇人ほどのメンバーと知り会えるうえ、メンバーの背後には家族がいるからだ」、といわれる。率直にいうと、模合にたくさん参加すれば、それだけ票につながりやすい、ということだろうか。

もちろんそのような「打算」だけではないだろうが、政治家が模合に多く参加するのは当然とされている。地方議員なら毎月三〇ほど、国会議員なら一〇〇は参加している、などと話す人もいた。もし三〇の模合をやるとなると、当然、模合の日が重なることもあり、一日で複数かけもちすることになる。聞いた話だが、ある市会議員は選挙の前に「合同模合」と称し、自分が参加する二〇数個の模合メンバー全員(二〇〇〜三〇〇人?)を集めてパーティーを開催したという(二〇一三年八月・那覇)。

ただし例外もある。私が話を聞かせてもらった二人の女性議員は、それほど多くの模合はしていなかった(二〇二二年聞き取り)。三〇代のYさんは友人と模合をしていたが、数は三つであった。それでも三〇代の女性としては多いかもしれない。復帰っ子(一九七二年生まれ)のMさんは、まったく模合をしていなかった。そんなMさんは当選後まわりから、「模合をせずによく当選できたね」といわれたそうだ。また、本島南部の政治家の男性(四〇代)は、模合を六つしかしていなかった(二〇二二年一一月・本島南部)。

■模合が政治家を育てる

先の女性議員Mさんが、「模合をせずによく当選できたね」といわれたとおり、模合は政治家の卵にとって重要と考えられている。あるメンバーが政治家を志し選挙に立候補するとなれば、模合を立ち上げることは普通であろう。またもともと入っていた模合も含め、メンバーは、たいてい自分の政治信条は度外視して、模合仲間である彼・彼女の選挙を手伝ったり知り合いに投票を呼びかけたりしてくれる。

北部出身のタクシー運転手さんは、小中学校の同級生八名と、同級生の経営する店に毎月集まって積み立て模合をしている。積立金は、旅行や慶弔費にする。模合の幹事役は、村議員をしている同級生だという。「議員さんが幹事なんですか?」と私が言うと、「俺たちが(その同級生を)村議にしたんだから、幹事くらいやってもらわんと」と笑っていた(六〇代・男性・二〇二二年一〇月・那覇)。

政治家と模合は切っても切れない縁だが、政治家は模合をするとき、どのようなことに気を付けているのだろうか。弟が市議という六〇代男性によれば、政治家の模合で重要なことは、模合をきちんと回すことだという。「支払いに遅れない、忘れないこと。もし何かあったら、模合は信用のバロメーターだから悪い噂がたってしまう」と話す(二〇一四年七月・浦添)。つまりせっかく多くの模合に参加しても、そこで失敗すれば逆効果なのだ。また、議員Tさんは、政治家が模合で気を付けるべきことは、模合で「酔い過ぎないこと」と話す(五〇代・男性・二〇二二年九月・糸満)。たしかに、泥酔してケンカをしたりあらぬことを口走っては大変である。政治家は楽しい模合の席でも気が抜けないことになる。

政治家は、模合に参加するだけでなく、自分が主体となって模合を立ち上げることが多い。ここでは、本島南部の二人の政治家の模合を紹介しよう。

■後援会有志の模合その①（本島南部）　出馬がきっかけ

この模合は、本島南部地域の市議Oさん（五〇代・男性）の自宅で、毎月決まった日の一九時からおこなわれる。メンバーのほとんどは近隣の人びとで、政治家としてのOさんを応援している人たちである。一年に二回は居酒屋で忘年会をし、一緒に旅行に行ったり月見会をしたりする。この模合発足のきっかけは、Oさんが選挙に出馬したことであった。そのときに結成されて以来、一〇年ほど続いている。Oさんの妻や姉妹が料理などを担当している。模合金は三〇〇〇円で、別に積み立ての一〇〇〇円があり、場代の二〇〇〇円と合わせ六〇〇〇円を出す（欠席者は場代なしの四〇〇〇円）。利子は付かない。

積み立ては、メンバーの祝儀（八五歳の生年祝いなど）や不祝儀に用いる。メンバーは二五名だが、一人が二口しているので二六口になっている。一回に二名ずつ取り一三か月で回している。

この模合では歓談の後、幹事が県や市、地域の政治的な動きを紹介し、議員Oさんに挨拶を促す。Oさんは、いつも支えてくれるメンバーへの感謝と、自身のひと月の活動や議会の動きを報告する。ここが政治家模合らしい部分であるが、その後は三線や民謡で盛り上がる楽しい会である（二〇一五年八月・本島南部）。

■後援会有志の模合その②（本島南部）　大人数の模合

本島南部の議員Tさん（六〇代・男性）は、二〇年来、地域住民を中心に八〇名（四〇代～八〇代）の後援会有志の模合をおこなっている。このメンバー数は、私が参加させてもらったなかで最高のメンバー数である。参加者はほぼ近隣住民で、一種の地域模合でもある。ほとんどのメンバーは男性で、女性は少数である。年配者が多い。

模合は複数口かける人もいて合計九〇口で、ひと月に九人が取り、一〇か月で回している。模合金は五〇〇〇円なので、毎回九名が五万円ずつを取ることになる。

会費(飲食費)を一〇〇〇円にしているため、料理の外注はせず、Tさん自らが小学校の給食センターで使われていた大きな鍋を譲り受け、家族の助けを借りてその鍋で牛汁を作っている。それがかえっておいしいと評判である。(二〇二二年一一月・本島南部)。

このように政治家たちは、参加模合の数が多いのみならず、自身が主催する模合を家族に手伝ってもらいながら運営している。このような模合を通して、普段から定期的にたくさんの人に会い、自分という人となりをしっかり理解してもらう。

政治家としてその人の調子が良いときも悪いときも、模合仲間は一緒に伴奏する。ときに落選してしまっても、彼・彼女を支え続けるのは、こういった模合やその仲間なのである。

多種の模合をどう組み合わせるか

■ギネス級の模合五八個参加

ここまで紹介してきたように、さまざまな模合があるなかで、人びとはどのような組み合わせで模合に参加するのだろうか。参加模合数は一つという人も多いが、複数の模合に参加している人も多い。ちなみに私が聞いたなかで一番多く模合に参加していたのは自営業の宮古島の男性(六〇代)で、五八個の模合に参加していると話していた。ご本人に詳しく聞けなかったが、模合座にいた周りの人たちも、「彼は本当にそれぐらいの数の模合をやっていると思う」と話していた(二〇一八年・宮古島)。

さて、複数の模合に参加している人の組み合わせをみてみよう。

■多彩な人間関係を織りなす複数模合

先に紹介した議員のOさんは、一一の模合に参加していた(二〇一五年八月)。①親族(年に二回)、②中学校の同級生、③小学校の同級生、④ボランティア関係、⑤~⑥友人との高額模合二つ、⑦飲食店、⑧自営業者仲間(Oさんは政治家になる前は自営業者であった)、⑨地域、⑩知人関係、⑪先に紹介したOさんの自宅の模合である。かつては議員同士でも模合をやっていたが、今はなくなったという。

これをみると、Oさんは幼なじみから仕事、友人・知人、ボランティア関係までさまざまなタイプの人間関係をもち、模合を通じてその関係を維持していることがわかる。また模合の場所は、出身地である本島の南部から那覇市内、浦添市にまで広がっている。

宮古島の工事関係者の男性(三〇代)は、①小・中学校の同級生(二〇名)、②会社の同僚(一〇名)、

③出身地区の郷友会(二〇名)、④居住地の近隣住民(二〇名)と四つの模合に参加していた。これらの模合で毎月会うメンバーは七〇名で、それぞれ模合の種類が異なるため、ほとんどのメンバーが重なっていないという。つまり彼は模合を通して、七〇名の友人・知人と毎月絆を強めているのである。「ムヤイは情報交換。ムヤイを通してしか会わないメンバーと会える。会社の模合メンバーは模合でなくても毎日会うが、この場合は結束を固める意味がある」(二〇一二年一一月・宮古島)。

宮古島の社会福祉系の仕事をしている七〇代女性は、①小学校の同級生・女性のみ(一万円)、②高校の同級生・女性のみ(一万円)、③複数の高校の同級生・男女(二万円)、④近隣住民・男女(二万円)、⑤商工会議所関係者・女性のみ(二万円)、⑥幼なじみ・女性のみ(一万円)の六つの模合をしている。これでも、朝十時半からカラオケボックスで歌い続けるカラオケ模合や、グラウンド・ゴルフ模合など、体力的にハードな模合を中心に、一〇個あった模合を最近六つに減らしたばかりという。ただ、体調がよくなればまた参加したいと考えている。彼女の場合、六つのうち四つは同級生や幼なじみの模合のため、大体のメンバーが重なっているという。同級生とは将来「一緒の施設に入ろうね」と約束している。彼女曰く、「同期生といるのが楽しい。家族より信頼できる。言いたい放題言えるのよ」(二〇一五年八月・宮古島)。

那覇在住のフリーカメラマンの四〇代男性Uさんは、①異業種模合(一万円)、②中学校の同級生模合(一万円)、③〜④友人の模合二つに入っている。うち仲の良い友人二名とは、①、③、④と三人一緒に出席している。Uさんは模合について、「模合で嫌でも毎月一回は顔を合わすので、コミュニケーション不足の現代では大切だと思う」と話した(二〇一二年・那覇)。「嫌でも」というところがポイントかもしれない。

■同級生模合＋組み合わせ様々

もう少し簡単に、複数参加している人の組み合わせを紹介したい。

・那覇出身タクシー運転手(五〇代・男性)：①同級生(一万円・一二名)、②同業者(五〇〇〇円・一五名)、③異業種の友人(一万円・八名)(二〇一二年九月)
・宜野湾出身タクシー運転手(五〇代・男性)：①同級生(五〇〇〇円)、②宜野湾の先輩(一万円)、③居合道サークルの友達(一万円)
・那覇の自営業者(六〇代・男性)：①中学校の同級生(一万円・一六名)、②ゴルフ仲間(二万円・一一名)、③同業者(一万円・一六名)(二〇一二年・那覇)
・那覇の年金生活者(七〇代・男性)：①中学校の同級生(一万円・二八名)、②友人(一万円・六名)、③自治会(一万円・二〇名)(二〇一一年・那覇)
・宮古島出身タクシー運転手(六〇代・男性)：①宮古島の小・中学校の同級生(一万円・うち五〇〇〇円旅行積み立て)、②イトコ(一万円)、③親族(一万円)(二〇一五年八月・那覇)
・宮古島の主婦(四〇代・女性)：①ママ友(五〇〇〇円)、②夫の職場を同じくする妻たち(一万円)(二〇一六年一月・宮古島)
・宮古島の保健士(六〇代・女性)：①出身地区の女性(二万円・一一名)、②保健所のOBの女性(一万円・

七名)、③保健士の女性(一万円・八名)(二〇一六年一月・宮古島)
・石垣島の書店店長(五〇代・男性):①高校の同級生(一万円)、②草野球仲間(一万円)(二〇二二年六月・石垣島)
・石垣島の飲食店店主(六〇代・男性):①同級生(一万円)、②友人(一万円)、③飲食店経営者(二万円)(二〇二二年六月・石垣島)
・那覇の会社員(四〇代・男性):①糸満の高校の同級生(一万円・二〇名)、②イトコ(一万円・二〇名)、③ゴルフ仲間(一万円・一四名)(二〇一五年二月・那覇)
・那覇の会社員(四〇代・男性):①異業種(一万円)、②中学校同級生(五〇〇〇円)(二〇一二年・那覇)
・那覇の施術師(二〇代・女性):①異業種(一万円)、②幼なじみの会(一万円)(二〇一二年・那覇)
・那覇の保険業経営(六〇代・男性):①小・中学校の同級生、②高校の同級生、③〜⑦仕事関係(保険の客や同業者)五つ、⑧〜⑩ゴルフ関係三つ。毎月の模合の支払いは合計一五万円(二〇一四年二月・那覇)
・宮古島の居酒屋店主(六〇代・男性):①〜③飲食店の店主関係が三つ(それぞれ一〇万、五万、一万円)、④ダイビング関係者(五万円)、⑤自分の店舗の設計業者(三万円)、⑥同級生(一万円)、⑦スポーツ選手の後援会(一万円だがそのうちいくらかはその選手のために使う)、⑧同級生と先輩と友人(三万円)、⑨〜⑩知人二つ(一〇万円・五万円)(二〇一八年六月・宮古島)
・糸満在住の年金生活者(八〇代・女性):①地区(一万一〇〇〇円)、②兄弟・子どもなど親族(年に二回で一〇万円。利子あり)(二〇一三年八月・糸満)

・糸満在住の会社員（五〇代・男性）：①地域の班、②〜③小学校同級生二つ（うち一つは積み立てのみ）、④草野球チーム（本土遠征試合のための積み立てあり）、⑤〜⑥職場関係二つ（二〇一三年八月・糸満）

こうしてみると、多くの人が同級生模合に参加し、その他の模合を組み合わせていることがわかる。また、意識されているかは別として、毎月どんな関係の人と会いたいのかを考えて、各種模合を組み合わせているようにみえる。「それぞれのグループごとに話題が違う」という話もあった。同じメンバーに頻繁に会いたいという人もいるが、多くの人は多彩な人間関係を維持しようとしている。広い人脈をもつことは、九章でみる助け合いにも大きな意味をもってくる。

八章　金融としての模合

ここまで同級生模合など、親睦目的の模合を中心にみてきた。この章では、金融目的の模合、高額の模合、そして模合の怖い面についてもみていきたい。

お金目的の模合参加

■貯金感覚で貯める模合

現在も、資金を貯めたり借りたり、つまりは金融目的で模合をしている人は多い。宮古島では過去に、いくつもの消費者金融会社が来ては、模合に負けて撤退していったという話も聞いた（現在はいくつかある）。消費者金融の利息が高いので、模合で借りたほうがいいと考えられていたという（二〇一八年七月・宮古島）。

妻が沖縄出身で、現在那覇に暮らす神戸出身の男性は、マッサージ店に勤務している。同僚七名と模合をしているが、飲み会はせず、毎月給料日に全員から一万円ずつ集める。「同僚とは週一くらいで飲むからわざわざ集まらない。貯金のつもりで模合をやっている」と話す。この模合はもともと「助け模合（扶助模合）」として始まったという。あるとき一人の同僚が、車を買いたいが金がないというのでみなで協力した。この男性はほかにも、趣味のサッカー関係者の模合（五〇〇〇円）と異業種模合（五〇〇〇円）をやっている。神戸に帰省する際に複数の模合を合わせて取り、旅費にする。「最初はお金を貯めるなら一人で貯金すればいいと思ったけど、やっぱり集まることが重要だ。（沖縄出身の）妻も模合に行くというと、気持ちよく家を出してくれる。えっ？関西で模合ができるかって？　無理無理。カネを儲けようという気持ちばっかり。人間関係が違う」。

この男性によれば、ちょっと貯金をおろす感覚で、みんなに相談すれば取る順番を融通してもらえるのが模合の良いところだという。内地の結婚式に出席するときなど、模合のお金は助けになる（二〇一八年八月・那覇）。

■銀行に預けるより、銀行で借りるよりは

Yさんは、宮古島で複数の商売をしている五〇代の女性実業家だ。二〇名で三万円の模合をしており、もう一〇年以上続いている。きっかけは、オバから誘われたことだった。取るときには保証人を立て、利子は定額の一〇〇〇円を払う。Yさんは、妹や娘の名前でも参加しており、合わせて三口になる。保証人は妹に依頼している。模合メンバーは退職した女性が多く、彼女たちは「銀行に預けてもいくらにもならないから」という理由で参加しているという。Yさんのような商売人が少ないので早く取りたいという人がおらず、Yさんはたいてい最初に取るという。「利

子の一〇〇〇円はかかるけど、銀行で借りたら手続きとかいろいろ大変でしょう?」と、模合のメリットを語る。取ったお金は、商売資金や自宅のリフォーム、関東の大学にいる子どもの仕送りに使っている(二〇一二年一二月・宮古島)。

タクシー運転手のBさんは、会社の同僚や事務の人と一二名で一万円の模合をしている。始めてから三年くらいたつ。利子は一〇〇〇円で、欲しい人がとる。会社の控室で決まった日時に集まり、お金を渡してノートに書いて解散するだけだ。飲み食いもしない。「生活のためだから。親睦じゃなく、助け合いだから」。Bさんは眼科に通っているので、模合をもらったら、その治療費にあてたりしている(二〇一一年九月・那覇)。

■高額の模合はメンバー同士の絆は薄い

次は、もう少し高額の模合をみてみよう。

親睦模合は一万円程度だが、二万、三万、五万、一〇万、二〇万円、あるいはそれ以上の模合もある。ちなみに、那覇で高額模合をやっているAさんによれば、三万、五万、一〇万円はあるが、四万、七万、八万円などの半端な数字はないという。

飲食店経営の男性Hさん(五〇代)は、バブル経済期の一九八〇年代後半、一六名で模合金一〇〇万円の「ムエー」をやり、一六〇〇万円を入手した。利子は二万円、座料は取った人が一万円と、銀行で借りることを考えれば格段に安かった。また、銀行から金を借りるには保証人をたてたり担保を決めたりと時間がかかるが、模合では一〇〇〇万円〜二〇〇〇万円がすぐにつくれた。この模合で、今経営する店舗を開店することができた。「すごく助かった」とHさんは語る（二〇一四年七月・浦添）。

このような高額の模合には、利子がつきものだ。資金がほしい商売人は、利子を払ってでも最初のほうに取る傾向にある。一方、資金に余裕がある人は、高額模合に参加して最後のほうに取り、その分「預け利子」を多く受け取ることができる。しかし昨今、高額模合でも利子は低めにおさえられる傾向にある。宮古島の一〇万円模合の座元Mさんは、利子を一〇〇〇円に抑えている。もし利子を一万円などにすると、利子目当ての「変な人」がやってくるからだという（二〇一八年六月・宮古島）。

ある高額模合の記録

私は調査を始めた当初、高額模合ほどメンバー間の信頼や絆が深いと思っていた。しかしいろいろ話を聞いていくと、むしろ、高額になるほどメンバー間の絆は薄い傾向にあった。もちろん例外はある。しかし、高額模合の仲間は親睦模合の仲間に比べ、メンバー同士がそれほど親しくないのである。前述のとおり、親睦模合は親しい人と集まるために毎月模合をする（お金を集める）が、金融模合は、毎月お金を集めるために人を集める傾向にある。つまり、人柄や親しさよりも、支払い能力によって人を集めることになる。毎月、数万円もの模合金を支払える人は多くはない。そのためメンバーを集めるとき、高額の模合金を支払える人が優先され、親しさは二の次となる。

メンバー同士があまり親しくないため、高額の模合は緊張感があるという人もいた。あるフリーランスの男性Uさんは、一〇万模合を人から頼まれて一度だけ参加したことがある。メンバーは毎回集まって飲食していたものの、よく知らない人たちだったため、まったく楽しめなかった。そして、無事に最後まで終わるかどうか、「ずっとひやひやしていた」という（四〇代・二〇一三年・那覇）。

四〇代の女性経営者も、会社員の姉と一〇万円模合を折半して参加している。姉が付き合いでこの模合に入らざるを得ず、姉は一人では払いきれないからと、折半を頼まれた。メンバーは自営業者ばかり一〇人で、利子は一五〇〇円だが、無事に終わるのかひやひやしていると話した（二〇一二年二月・那覇）。

■座元の信頼が第一

このような「ひやひや」は根拠がある。高額模合で持ち逃げが起こるとその被害は大きくなる。そこで、責任者である座元の役割が重要となってくる。おそらく五万円以上の高額模合になれば、座元がいることが多いだろう。座元がどのような人物で、いかにきちんと支払えるメンバーを集めているのかが重要だ。高額模合に参加する人は、全メンバーの素性より座元への信頼によって参加を決める。だからこそ座元の側は、「模合に入れてくれ」という人がいても、その人物の人となりや懐具合を慎重に見極めなければならない。

ある高額模合の座元Kさん（五〇代）は、メンバーを選ぶとき、別の模合におけるその人のふるまいや、過去に問題を起こしたことがないかなどの履歴を知ってからスカウトするという。「座元はキャプテンだから。オヤ（自分）が責任を持つからと、みんなに模合に入ってくれるよう頼んだから」（男性・二〇一八年六月）。また別の座元の男性（六〇代）は、「模合にどんなメンバーが集まるかは、その座元に信用があるかないかで決まる。模合は信用度のバロメーターだ」と話す。またこの男性は、いくらの金が必要か（いくらの模合にするか）を決めてからメンバーを集めるが、その際、「すぐ取りたい人」「早めに取りたい人」「いつ取ってもいい人」「最後のほうに取りたい人」の割合をうまく組み合わせる必要があると話した。そうでないと、取る順番で揉めやすいという（二〇一八年六月）。

■「宮古の人は追及しない」模合のトラブル

宮古島の五〇代の実業家Nさんは、三〇代前半に同じメンバーで、二〇万円模合を二つ、三〇万円模合を一つ、合計七〇万円の模合をしていた。しかし、他のメンバーが模合金を支払えなくなった。結局、メンバー一七名で合計二一〇万円を割り勘して問題を「おさめた」という。

Nさんも、模合はなにより座元がしっかりしていることが重要だと話す。そして、過去に座元を一回やったことがあるが、もう二度とやりたくないと語る。「座元はよっぽどメンバーをしっかり選ばないと。模合は一度でも失敗したら、あとに響く。でも宮古の人は優しくて、強く出る人はいない。だから逃げないで、そこらへんを平気で歩いているよ」と笑う（二〇一二年二月・宮古島）。

宮古島で、「宮古の人は模合の失敗を追及しない」というのはときどき聞かれた。支払わなかった人は「ほとぼりがさめたら三〜四年で戻ってくる」などと言われている。

宮古島で商売を営む男性(六〇代)は、現在も三〇個の模合に参加している模合の達人である。この人は宮古島の人の気質と持ち逃げについて、次のように話す。「宮古の人は持ち逃げされても追及しない。よく言えばおおらか。だから表に出ないし事件化もしない。裁判もしない。ただし、逃げた人は一生の信頼をなくす。四〜五年前まで、大きな模合は保証人を立てて受け取った。今は、何かあればみんな座元がかぶる」(二〇一八年七月・宮古島)。

模合のトラブルには、メンバーに支払えなくなる人が出たり、「取った・取らない」の水掛け論があるという。取った・取らないは、受領者に押印やサインをしてもらうことで防ぐことができる。実際、そのように決めているグループは高額模合だけでなく、親睦模合でもあった。メンバーが支払えなくなる場合には、座元が責任をもって立て替えることが多いというが、義務というよりモラル的なものであることが多く、また、裁判までする人はまれである。

たとえば、宮古島のある男性(七〇代)は、自分の妻が五年ほど前、黙って三万円模合に三口加入していたが、模合が途中でなくなり、今も一三〇万円くらいが戻ってきていないという。座元と交渉を続けているが、もう戻ってこないと半ばあきらめている(二〇一六年一月・宮古島)。

模合で失敗しないための心構えとは

模合で失敗しないためにはどうしたらよいのだろうか。

「模合で痛い思いをしたことがない」という那覇在住の自営業Aさん(五〇代・男性)は、現在三つの模合をしている。一つは同級生模合(毎月一二名で五〇〇〇円)で、残り二つは異業種模合(一二名で五万円と、一二名で一〇万円のもの)である。最後の異業種模合のメンバーとは、ゴルフも一緒に楽しむという。異業種模合の二つは金額が大きいこともあり、昼のランチ模合である。実はAさんは、コロナ禍前まで模合を一〇個やっていたが、コロナを機に三つに減らしたという(やめたものもあり、中断後再開する模合もある)。一〇個やっていたときは、二日に一度は模合があったので、かぶらないようにするのが大変だったという。Aさんは三〇代から自営業を開始し、模合もそれと並走するようにずっと続けてきた。これまでもっとも大きい模合は五〇万円模合で、一二人で六〇〇万円を受け取るというもので、商売に役立ったという。金利は五〇〇〇円〜一万円などいろいろだが、銀行融資よりもらえるのが早いのがメリットだという。

ランチ模合の様子

Aさんはこのような豊富な模合歴のなかで、参加した模合が一度もつぶれたことがないと胸を張る。そのコツは次のようなものだ。

「座元をみるわけさ。座元の人柄と商売をみる。商売の大小は関係ない。この人が責任を持ち切れるか、持ち切れないかをみる。（つぶれる模合は）座元が責任をとる気がなかったり、責任とは何かを考えたことがない人だから、つぶれるわけさ。できない人がやるから、模合がつぶれる」

Aさんはまったく知らない人の模合には参加せず、新しい模合に参加した場合にも、とりあえず「一年間、模合座で人をみる」という。そして「危ないと思ったら、なにかの理由をつけて一巡ですっぱりやめる」。座元が良くても、メンバーにルーズな人がいて危ないというパターンもある。模合では未払いはもちろんダメだが、「遅れて払わないこと」が鉄則だという。支払いを、「あとからでいいよ」とか、「来月二回分払うよ」といったなれ合いは、模合がつぶれるパターンだという（二〇二二年五月・那覇）。

■昼におこなう高額模合

高額の模合は、Aさんの例のように、昼におこなうことが多いようだ。私が参加した高額模合の多くも、昼に飲食店などに集まりランチを食べるというものだった。一緒に食事をとるが、アルコールは出ない。忙しく時間がない人は、その場で食べず弁当にして持ち帰る。その時間に来られない人は、前もって座元やメンバー、店にお金を預ける。

ある一〇万円模合の会合は、いつも決まった飲食店の座敷でおこなわれていた。お昼の一二時ごろ、メンバーが三々五々集まってくる。一五名のメンバーはほとんどが自営業者で、男女混合である。やって来てしばらく模合座にとどまって歓談した人は九名で、小一時間で解散になった。模合金を持ってきて挨拶だけして帰っていった人が五名、座元に最初から預けていた人が一名であった。また座に留まった九名のなかには、その場で食事をとらず弁当にして持ち帰った人もおり、ゆっくり食べていく人は少なかった。昼間でその後に仕事に戻る人が多いため、夜におこなわれる模合の和気あいあいとした雰囲気はなく、あっさりしていた（二〇一八年六月、七月）。

なぜ、高額模合グループが夜に集会をやらないのかといえば、夜は危険だからである。飲み過ぎて受領した大金を落とす、あるいは二次会三次会で大盤振る舞いをしてしまう、ということが起こりえる。親睦模合の受領金の一〇万円前後でも一晩で失うのは大変なことだが、高額模合ならなおさらである。また、誰かに目を付けられて盗難に遭う恐れもある。そう考えると、高額模合は昼間にやったほうが安全である。

ただし、昼間だからといって油断はできない。沖縄本島で高額模合の後、受領した三〇〇万円を持ち帰ろうとしていた高齢女性が、車で置き引きに遭う事件があったという（二〇一五年）。飲食店で大金の受け渡しをみていた誰かが、彼女に目をつけたのだろう。

■銀行員が鞄を持って模合金を回収

前にも述べたが、かつては模合に銀行員がやってくることがあった。バブル期に一〇〇万円の模合を二〇人でやっていた男性Kさん（六〇代）は、二〇〇〇万円の受領金を預かりに、毎回銀行員が鞄をもって模合座に来ていたと話す。これほどの大金であれば、銀行としてもお金を取りに来る意味はもちろんあるだろう。一方私は、鹿児島の小さな模合座でも、銀行員が模合座に来てお金を預かっていく話を聞いたことがある（二〇一二年八月・鹿児島）。銀行員が取りに来てくれるのは安心だが、現在はそういうことはないという。

私が、安全のために「銀行振込ではだめなのか」とたずねると、後述する高額模合の座元Hさんは、「ムエーは現金。振込もダメ。当時も小切手持ってきた人は怒られていた」という（二〇一五年八月・浦添）。このような模合の「現金主義」は、コロナ禍で少し変わってきていることは一一章で述べる。

昼に模合をする理由としてはほかにも、「夜は長時間になるから」と言う人もいた。大きな模合を昼間におこなっているKさん（五〇代）は、「夜は時間の無駄だから、夜の模合はやめて、昼に三つの模合をしている。夜の模合は一つだけ」と話す（二〇一八年六月・宮古島）。確かに、夜の模合をいくつもすると、体もきついに違いない。男性の夜の模合には、飲酒がつきものだからだ。

ここまでみたように、高額模合はおもに安全上の理由から、昼におこなわれることが多い。そして、メンバーがそれほど親しくなくても、「一緒にランチをとる」。つまり、単なるお金の引き渡しだけでなく、親睦の要素を入れているのだ。

高額模合でも、長年続いている模合グループは、昼のひとときを一緒に過ごすことで、メンバー同士の信頼関係が培われている。そのような高額模合をつぎにみてみよう。

■「ターチアッカシー」の高額模合

浦添のとある喫茶店でおこなわれるZ模合は、毎月決まった日の一二時ごろから始まる。比較的自由の利く仕事をしているメンバーが、仕事の合間に集まってくる。Z模合のオヤ（座元）のH

さん（六〇代）は、昼間に模合をおこなう理由について、「夜は酒をみんな飲むのでちょっと危ない。お金を使ってしまったりするから」と言う。

実際、Z模合の金額は大きい。模合金は五万円でメンバーは一四名、二口入っている人が複数人おり合計二〇口、総額一〇〇万円の模合だ。しかし、二〇か月で一回りするのは長いので、二名が五〇万円ずつを取るようにして一〇か月で回している（ターチアッカシー）。二口一〇〇万円を合わせ取りする人もいる。ただし受領金から座料として、一口につき一万円を店に支払う。その代わり、取る人以外はふだんランチ代を支払わないので、受領時にまとめて支払っている、あるいは取る人におごってもらっていることになる。

Hさんは模合座であるこの喫茶店のオーナーである。メンバーは友人・知人などで、浦添だけでなく、那覇、糸満、うるま市などからも来ている。職業は自営業者が多い。模合に来るメンバーには、特別な定食と食後の飲み物を出す。メンバー同士、互いの仕事をよく知っており、ランチを食べながら情報交換をする。すでに二五年（二〇一四年当時）も続いているため、気心もしれている。

親睦模合ではあまり取る順は問題とされないが、高額模合では順番が特に重要となるため、クジや入札をすることになる。Z模合は、「入札は負担になる」ので、メンバーの合意で利子は一律三〇〇〇円である。取りたい人が多ければクジ引きをする。この模合は長くやっているので、早く取る人や後で取る人がなんとなく決まっていて、それほど問題にはならない。ただ、多くのメンバーは後で取りたいと思っている。またHさんは模合帳に、模合金を受け取ると押印する。そして受領者にはサインをしてもらい、受領金は封筒に入れて渡す。なおこの模合では、初回は座元Hさんが利子なしで受けとることになっている。

Z模合の日は、メンバーが昼時に集まりランチをとるが、仕事の都合でお金を持ってきてすぐに帰る人もいる。この日(二〇一四年七月)はお金を渡して帰った人が三名(食事は持ち帰り)いたが、ほかの八人はゆっくり食事をとった(ほかの三名はお金を預けていたと思われる)。メンバー同士も旧知の仲のため、一時間以上、食後のコーヒーまで楽しみながら、近況報告や情報交換をおこなっていた。みな、座元のHさんを信頼していることが感じられる。

■実は倒産がきっかけで始まった模合

Z模合は、Hさんの友人Oさん(Z模合のメンバー)が経営する飲食店が負債を抱えて倒産したことがきっかけで始まった。OさんはHさんとともに模合の発起人となり、模合金をもとに負債を返済していった。模合仲間たちはOさんには利子なしで、支払いを待ってくれたという。

Hさんは座元として、模合に問題があった人(払いが遅れるなど)には、はっきりと「次の一年間は遠慮して」というそうだ。そしてそういう人に、一年後、声をかけるわけではない。

Z模合の人たちの多くは、過去に、より高額の模合経験がある。Hさん含め、バブル時代は三〇万模合、一〇〇万模合をやっていた人たちがいる。Hさんはそのとき、高額だからといって「怖いとは思わなかった」し、実際に「痛い目には合わなかった」そうだ。しかしバブルがはじけると、いつしか多くの模合の額は小さくなっていった。このZ模合も以前は一〇万模合だったが、誰彼となく、「一〇万は大きいから五万にしようか」、という具合に金額が下がったという。別のメンバーの男性Cさんもバブル時、一人一〇〇万円の模合を一六人でやっていた。一〇年も続いていたが、座元が突然やめるといって、終わりになってしまった。模合自体は、問題なくうまくいっていたという。

使い道はどうだろうか。高額模合は商売人がよくおこなうとされている。商売人であれば商売に投資したりすることもあるだろう。座元Hさんは、「模合の使い道はみんなあらかじめ決めているだろう。複数の模合をしている人は、この模合は『子どもの学費用』、この模合は『商売用』などと使い分けているのではないか」と語った（二〇一四年七月・浦添）。

模合が崩れるとき

■「ゴロゴロ模合」夜逃げ、自殺、「飛ぶ」人も

ただ、すべての高額模合がうまくいくとは限らない。崩れる模合も当然ある。四章で述べたような、ゴロゴロ模合である。ゴロゴロ模合騒動によって、夜逃げや自殺、県外へ「飛ぶ」人が多く出た。上記のような失敗が、あちこちで連鎖的に起こった時代があった。

復帰前後は社会が混乱し、今より大きな金額で怪しい模合が動いていたようだ。一九七一年の琉球新報の記事には、「模合で一千万ドルが動く　金融検査庁が調査　復帰混乱に乗ずる五十万ドル規模のものも」という見出しが躍っている（琉球新報　一九七一年六月一三日）。

復帰前にゴロゴロ模合に巻き込まれた経験のあるUさん（九〇代）は、那覇で衣類販売をしていた。アメリカ世であったが、商売人同士で模合をし、額にして一七〇万円ほどを毎月つぎ込んでいた。当時は、そういう大きな模合がいくつもあったという。毎回料亭で夕食を食べるという豪華さで、利子も付いた。

しかしあるとき、そういう大きな模合がことごとく倒れた。Uさんは模合の座元から少しずつ、総額八〇〇万円取り戻したが、残りの四〇〇万円は取れなかったという。それに、少しずつ返してもらっても、商売上に意味がなかった。彼女は言う。「それ以来、模合は絶対にやらない。誰に頼まれても。たとえ小さな金額でも。模合の恐ろしさを知っているから」（二〇一二年三月・那覇）。

一方で、模合に警戒心がない人も多いようだ。宮古島で生活相談の仕事をする女性は、「宮古島は今でも、お金が無いならムヤイすれば？　という文化。でもムヤイも借金だよと言いたい」と憤っていた（二〇一六年一月・宮古島）。

■「模合は危ないのよ」一〇〇万がパーに

那覇の公設市場界隈で衣服販売店を営む六〇代の女性は、かつて自宅の座敷を模合座にし、座元として模合を運営していた。加入者はまわりの商売人であった。あるとき、みなに「気を付けたほうがよい」と言われていた羽振りの良さそうな人を、自分の模合に参加させてしまった。案の定逃げられ、自分がその人の分をかぶった。これも含め、彼女は過去に三回模合を踏み倒されたことがある。だから彼女もそれ以来、ほとんど模合をやらずに来た。「模合は危ないのよ」

（二〇一五年二月・那覇）。

　バブル時代に、痛い目に遭った人も多かった。

　六〇代男性Cさんはバブル時代、一人一〇〇万円を一〇人で出し合い、一〇年かけてやるという模合に参加した。ほとんどのメンバーは企業経営者だったが、自分のような「一般人」もいた。取る順番は入札で決め、五〇万円もの利子を付けてもらえることになっていた。しかし結局、幹事（座元）が自己破産し、三年ほどでつぶれた。

　後でわかったことだが、幹事はあちこちで模合をやっており、回らなくなっていたのだ。Cさんは後で利子だけもらったが大損をした。同じように大損をした別のメンバーはそれ以降、「ノイローゼのようになってしまった」という（二〇一四年二月・那覇）。

　四〇代の男性もバブルのとき、先輩が座元をしていた総額一〇〇〇万円の模合に参加した。何度も断ったのだが先輩の誘いでもあり、最後は押し切られた。結果、模合は崩れて利子しかもらえず、七〇〇〜八〇〇万円の損をした。男性は、「額の多いものはもう二度とやらない」と話す（二〇一五年八月・那覇）。またある会社経営の男性は、バブル時代は月々一一〇〇万円の模合をやっていた。しかしそれがこけて、七〇〇〇万円がパーになったという（二〇一四年七月・浦添）。

　現在も高額模合をしている宮古島の自営業の女性（七〇代）もこれまで、模合で大金を損した経験をもつ。しかし、「模合は博打よ、博打。でもやめようとは思わない。今は、座元がしっかりしていれば崩れることはない」と話す（二〇一八年七月・宮古島）。

　同じく大きな模合をしている自営業の六〇代男性Kさんも、「模合は株と一緒。損もある」といい、過去に何千万も損したことがあるという(二〇一八年六月・宮古島)。

那覇の自営業者Uさん(七〇代・男性)は、過去に大きな模合崩れに二回あったという。最初の模合は、一二名で二〇万円を支払い、二四〇万円を受け取るというものだった。三回目まではふつうにおこなわれたが、四回目がおこなわれることはなかった。初回にとった人間(座元ではなかった)に、「どうするんや!」とつめよったが、「仕方がない」といわれた。そこで初めて詐欺だと気がついた。結局、三回目まで出した六〇万円は戻ってこなかった。二回目の模合崩れはさらに金額が大きく、二か月に一回、五〇万円という模合をやったが、もらうことなく三回で終わった。これは一五〇万円の損になった。今振り返って、最初から計画的な詐欺だったと考えている(二〇二二年九月・那覇)。

今も高額模合に参加している人たちからは、過去、とくにバブル期の高額模合や失敗についても語ってくれる人が多かった。バブル時代は模合金も高騰し、崩れた模合も多かったのだ。親睦模合で、「取りたい人がいない」という話を何度かここまで書いたが、「取りたい人がいない」という模合は安心できることがわかる。逆に、我先にとメンバーが先を争う模合は怪しい。Uさんが騙されたように、最初から計画的に崩す詐欺的な模合があるからだ。

ただ逆に、「早くとらないと危ない」とそそのかされ、高い金利をつけて早い回で取らせる模合もあるというから、まったく油断できない。

また高い利息をつけると、利息目当ての参加者が増え、お互いの欲がからまり合って、崩れるという。「知らない人と大きな模合をやってはいけない」「座元をみよ」「メンバーをみよ」と言うのは真実のようだ。

■高額模合「払えませんでした」ではすまない

かつては、計画的に複数の模合を掛け持ちし、すべての模合を一斉にとって「飛ぶ」（県外に逃げる）人もいたという。ただ、県外に逃げるとなると、かなり大きな金額を持ち逃げしないと割に合わない。

那覇に暮らす四〇代の男性は、かつて大きな模合で逃げられたことがある。三〇〇万円を持って逃げた人を「今も探している」という（二〇二二年五月・那覇）。

沖縄本島のある町では、模合で大金を持ち逃げし行方をくらました夫の代わりに、妻が支払った事例があるという。彼女は「みなさんに申し訳ない」と言って自ら夫の代わりに模合に入り、模合金の支払いを最後まで続けた。そしてシングルマザーとして子どもたちを育てあげ、今は実業家としてがんばっているという。ところが最近この夫が、三〇年ぶりに帰郷したことが話題になっているそうだ（二〇二二年九月）。

高額模合に参加して支払えなくなり、怖い経験をした人もいた。ある自営業の女性（五〇代）は、誘われて一〇万円の模合に参加した。しかし商売の都合上、どうしても支払いを待って欲しいときがあった。その事情を座元に話し相談したところ、彼女曰く「私が生まれてからこれまで一度も言われたことのないような強い言葉で、必ず支払いをするようにと迫られた。怖かった」。

高額模合の座元の立場にたてば、メンバーから遅れずに模合金を取ることは重要だ。だからこそ、強い態度を示す必要があったのだろう。彼女のほうは、支払いを少し遅らせることがそれほどの大事とは思わなかったのかもしれない。彼女は家族に協力してもらってすぐに支払い、一巡したところでその模合を抜けたという（二〇二一年三月）。

また高額模合でなくても、模合を取って支払わずに逃げていると、職場にまで電話がかかるケースもあるという。とある施設の管理者（六〇代・女性）は、従業員宛てのそのような電話をときどき受けることがある。「おたくの従業員〇〇が模合を支払っていないから、給料を差し押さえてくれ」といわれる。「それはできない」と答えているが、「困るのよね」と彼女はいう。やはり模合の支払い、とくに高額模合は「払えませんでした」では済まないのである。

最近では、模合が社会問題になるようなことは減ったようだ[15]。

それは、座元が参加者を慎重に見極めたり、参加者が信頼できる座元を選んだり、座元が慎重に人選したり、利子を定額にして高騰させないなど、人びとの努力と工夫の結果であるように思う。

15　ただ近年でも、模合関連の事件はときどき起こっている。たとえば二〇〇七年、模合ではないのに「模合」や投資として高配当をうたい、二十億円を集金していた事件があったという。これは模合崩れではなく、模合をかたった詐欺事件である（琉球新報 二〇〇七年九月五日）。また、模合崩れで人間関係がどうなるのかは東与一の研究がある（東 二〇一七）。

親睦模合の持ち逃げ

■金額は少ないがショックは大きい

親睦模合でも持ち逃げはある。親睦模合では前述のとおり、座元がいない場合も多く、持ち逃げはあまり想定されていない。持ち逃げが出たとしても、メンバー一人当たりがかぶる金額は少額(たいてい一万円)であるからだろう。ただ、親しい同級生や友人の持ち逃げは、金額に関わらずショックは大きい。

六章でも述べたように、なあなあになりやすい同級生模合などでは、支払いが遅れがちな人もでる。「ボーナスが入ったら返すから」などといってごまかし続けるパターンもあるという。ただ金額にもよるが、それほど高額でなければ、「沖縄の人は優しいから許しちゃうんだよね」という意見もある(二〇二二年五月・那覇)。その人を再び模合に入れたりするのかとたずねると、「そういう場合もある」という人もいれば、「それはない」という人もいる。

ただ、同級生模合などで逃げた人は、後々まで恥ずかしい思いをすることになる。たとえば、那覇の公設市場で働くMさん(五〇代・女性)は、三〇年前に模合を持ち逃げした同級生に、五年前、偶然出会った。二五年ぶりに会ったその同級生は、「お金、絶対に返すからね」と言っていた、とMさんは苦笑する。「結局、返さないと隠れて暮らさなければならないし、本人はずっと気に病んでいる」。持ち逃げがあった当時、Mさんの模合グループは座料を欠席者からももらって積み立てをしていたため、その積立金で全員に最後まで満額を払うことができたという（二〇一六年八月・那覇）。

宮古島のYさん（五〇代）は、女性ばかりで中学の同級生と楽しく模合をしていた。しかし、ある同級生が模合金を支払わなくなり、それがきっかけで模合グループそのものが解散した。あるとき、その同級生にばったり会ったYさんは、「今からでもちゃんと払いなさい。同窓に迷惑をかけるなよ」と声をかけたという。Yさん自身はそれから模合も嫌になり、それっきり模合はしないことに決めた（二〇一八年六月・宮古島）。

宮古島の男性（七〇代）は、同級生模合で積み立てをしていたが、幹事が積立金を使い込んだ話をしてくれた。かなり前のことだから今では笑って話せるが、当時は仲間同士で結構ケンカをし、「助け合いが憎み合いになってしまった」と笑っていた（二〇二三年三月・宮古島）。

■失敗しないために厳しくしている

一方、二〇年トラブルなく続いている同級生模合について、石垣島の飲食店勤務の四〇代女性は語る。「うちの模合は失敗するのは嫌だから、厳しくしている」と話す。たとえば、模合金を当日に持ってこなかった人は、取った人にできるだけすみやかに自分で直接お金を渡しにいくことになっている。その際、遅れた分の利子を付けることをルールにしている。このせいかどうか、この模合グループでは二〇年間一人も、支払えずに関係が切れてしまった人はいないという（二〇二二年六月・石垣島）。

宮古島の六〇代女性は、親睦模合でも、始めるときには「よく素性を吟味する」という。なぜ入れないほうがいいか、スタートでよく考え、問題があるという噂があれば「上手に断る」。たとえば、「人数に達したから、ごめんね」というふうに。

問題がある人とは、①なかなか模合金を持って来ない人、②時間に送れる人である。「その日に渡すのが模合。渡そうと努力するのが模合」だからだ。ルーズな人は、それとなく次のサイクルから排除する。幹事さんが困るのよ、などと理解をしてもらってやめてもらうか、角がたたないように、その人が絶対に来られない日時を、模合の集会の日時として設定する。そうすると当人も、自分が次のサイクルから排除されたことを悟るという（二〇一六年一月・宮古島）。

親睦模合の持ち逃げは金額も少額のため、ほとぼりが冷めたころ、本人が「ごめん」と言ってお金を持ってくることもあるという。その人については前述のように、周りが許すこともあれば、許さないこともあるのだろう。お金は両刃の剣である。模合のお金は絆を作るばかりでなく、絆を壊す場合も当然あるのだ。ただの飲み会といわれる模合だが、お金の支払いを酒でごまかすことはできない。お金のことは、それなりにきちっとやっているグループがほとんどだ。親睦模合であっても、メンバーはある程度慎重に選び、問題がある人は排除されたりしながら、運営されているのである。

九章　模合を介した助け合い

前章でみたように、模合には怖い面があることは事実だ。しかし、沖縄で今なお多くの人が模合をおこなっているのは、良い面のほうがたくさんあるからだろう。この章では、模合はユイマールであり助け合いだといわれるように、助け合いの組織としての模合に注目する。模合に参加することは、模合仲間を助けたり助けられたりすることでもある。模合を介して、人びとはどのように助け合いをしているのだろうか。そして、助け合う模合仲間とふつうの友人とは、どう違うのだろうか。

模合仲間と助け合う

■多良間島の「一五の春」

多良間島は、宮古島からフェリーで約二時間、飛行機で約一五分のところにある離島である。多良間島には小学校と中学校はあるが、高校がない。[16] そのため、高校に進学する多良間の子どもは、沖縄本島、宮古島、ときに石垣島で一人暮らしをすることになる。中学を卒業したばかり

16　沖縄県の有人離島のなかで高校があるのは、久米島、石垣島、宮古島である。

の子どもを一人暮らしさせなければならない親は大変だ。子どもの住む家を探して契約し、家電を買いそろえる。最初の数か月は仕事を休んで子どもをサポートする親も多い。そのため、たとえ公立高校に進んでも、その費用は六〇万円程度にはなるという。沖縄県立の離島児童支援センターもあるが、希望者全員を収容することはできない。[17] 多良間島には郵便局があり学資保険も利用できるが、賄いきれない進学費用のために、模合が利用されているという。

多良間には親睦模合（多良間ではムヤイ）もあるが、三万円、五万円という金額の模合も珍しくはない。隔月、あるいは年に数回おこなわれる一〇万円模合もあるという。多良間はもともと模合が盛んで、誰かが事業を始めたいといえば、頼まれた人は模合に参加する。模合の会場は、島に飲食店が少ないためメンバーの自宅でやることも多く、各家を回るグループと、決まった家で固定してやるグループがあるという。こういう模合が盛んな地域性のなかで、中学生を抱える親は子どもの高校進学のため、模合を自ら発起する。高校進学のための模合には、多くの人が「助け合い」として参加する。ある五〇代女性は、自分はすでに子育てが終わり大金の必要はないが、「若い人を助ける気持ちで、入ってくれと頼まれれば入ってあげるの」と話した（二〇二二年七月・多良間島）。

このような多良間島の進学のための模合は、「助け模合」の典型だろう。その証拠に、模合の金額は大きくても、利息は高くない。一〇万模合でも一〇〇〇円をとる程度だという。

17　在沖多良間郷友会は、沖縄本島に来る学生の支援として、「沖縄本島高校入学激励会」などの活動をおこなっている。

余談だが、多良間島では高校進学者の親のために、模合以外の助け合いもある。島で盛大に祝われる「高校合格祝い」は、高校に合格した中学三年生のいる各家庭で高校合格発表の日におこなわれ、家族・親戚だけでなく、村の知人・友人・近隣の人びとが相場五〇〇〇円のご祝儀を持って祝いにやってくる。宮古島でも同様に高校合格祝いはさかんであるが、三〇〇〇円が相場で一五〇〇円ほどの商品券の返礼がある。しかし多良間島では、高校合格祝いのご祝儀は親への経済的支援の意味があり、返礼の必要はないという（二〇二二年七月、八月・多良間島）。

■「やりたいことを諦めずに」起業のための模合

宮古島の実業家Xさん（六〇代・男性）は、内地出身のZさんのために「助け模合」を起こした。Zさんが飲食店を開店する資金がなく困っている、という話を聞いたからだ。Xさんは一肌脱いで友人・知人に模合を呼びかけ、二〇名×二〇万円の模合を起こし、Zさんを最初の受領者とした。Zさんは手にした四〇〇万円で、無事飲食店をオープンさせることができた。周りの人はZさんのためというより、呼びかけ人（座元）Xさんへの信用で模合に参加したという。

なぜ親戚でもなく地元の人でもないZさんを助けたのかと私がたずねると、Xさんは、「困っている人を助けることができたらうれしい。損得ではない」と答えた。確かに、Zさんがもし模合を持ち逃げしたり、開店にいたらなければ、お金も自分の信用も失うことになるため、Xさんにはどう考えても得はない。Xさんは言う。「いつかは自分も助けてもらう側にまわる。助け合い。でもギブ・アンド・テイクとは違う。いつかは助ける、助けられるだろう、ということ」。つまり模合を起こしてZさんを起業させたXさんの行動は、ベンチャー企業に投資して自らもリターンを得ようとする投資家とはまったく異なる。ただ助けたい、という価値観に基づいている。

Xさん自身、模合を起こしてみんなに助けられ、二人の息子を内地の大学にやることができたと話す。この経験から「模合があれば、やりたいことを諦めずにやれる」という結論にいたったXさんは、今も三〇個の模合をしている（二〇一八年七月・宮古島）。

■「友達を大切にする」飲食店を応援する模合

次に、大金を融通する「助け模合」ではなく、親睦模合でよくみられる助け合いをみてみよう。

模合グループの中に経営者がいれば、その店を模合会場とすることがあると前に書いた。メンバーの店で模合を開催し、店の経営を支えたいという気持ちからだ。模合メンバーではなく、自分が常連として通っている飲食店を応援したい場合には、店のために模合を起せばいい。先述のように、沖縄は一人当たりの居酒屋件数が全国でもっとも多く、個人経営の小さな店も多い。とくに那覇周辺など都市部において、飲食店経営者は身近な存在であり、彼らを模合で支えようという人たちが出てくるのである。また、若者が同級生仲間で居酒屋を経営することもあるようだ（上原 二〇二〇b）。

経営者にとって、模合の受領金が店の資金として役立つことや、模合客が定期的に入るメリットがある。ある模合グループは、四〇年間ずっと同じ居酒屋で模合を開催している。その居酒屋の店主さんは言う。「このグループは、店が今ほど大きくなかった時代から、ずっとうちを利用してくれてたんですよ」（二〇二二年五月・那覇）。

五〇代のタクシー運転手さんは、「飲み屋のママさん」模合[18]を常連一〇名程度でおこなっている。その飲み屋とママさんを「盛り立てるため」に結成された。そしてこの運転手さんは、この模合に参加することで、自分にもメリットがあると話す。ママさんが客のためにタクシーを呼ぶとき、自分にわざわざ連絡をくれるのだという。しかしそれは結果であって、模合を始めるときにそのような打算があったわけではない。運転手さんにとっては、「友達（ママや常連さん）を大切にすることが大事なんだ」（二〇二二年六月・那覇―浦添）。

別の五〇代のタクシー運転手さんも、傾いていた居酒屋の経営を助けるため、店主や常連客一二名で三万円の模合を始めた。そのおかげかこの店の経営は良くなったが、それ以降も模合は続けられ、現在一六年目になるという（男性・二〇一三年一月・那覇）。

六〇代男性は小料理屋で、料理屋のママも含め、店で知り合った常連さん六人で一万円模合をしている。小料理屋での模合は、居酒屋と違って騒がしくなく、自分のボトルを出して個人でつまみをとれば良いので場代がかからず「経済的」だという（二〇一二年八月・那覇）。

飲食店の経営者にとって客と模合をすることは、店を模合座として利用してもらえるだけでなく、模合仲間が個人的に家族や友人を連れて飲食に来てくれたり、職場の忘年会などに利用してくれたりするなど、いろいろな形の応援を受けることにつながる。よって、飲食店の経営者が客

18　「飲み屋のママさん」が座元の模合はよくあるようだが、「高額の飲み屋のママさん模合は注意すべき（崩れやすい）」と私にささやく人もいた（二〇二二年・那覇）。

の模合にいくつも参加することは珍しくない。経営者は模合メンバーになっても店の仕事に忙しく、ゆっくり模合座に座って話すことはない。しかし、模合仲間にはなるべくよいサービスを提供しようと努力する。

■模合メンバーは自然に助け合う

昭和四〇年代生まれのMさんは、豊見城の高校の同級生一二名（うちMさん含め三名が女性）で、一万円模合をおこなっている。「助け模合」だから利子はない。那覇に出ている人が多いので、模合は那覇でやることが多い。取った人が翌月の場所（店）を決めることになっており、模合の場所は毎回変わる。コロナ禍の現在（二〇二二年二月）、子どもの学校の入学金の振込や車検の時期など、模合を取りたい人は前もって、幹事のMさんに個人的に頼んでくることもある。「この人が〇〇という理由で取りたいと言っているけど良い？」とLINEなどでみんなに聞くと、たいていはOKになるそうだ。ただ、二人が同月に欲しいといったときは、Mさんがそれぞれに切迫度合いをたずねるという。どちらにも決めかねるときは、じゃんけんをしてもらって一人に決めたり、ときには折半したりする。

模合メンバーは、自然に助け合う。Mさんが経営する店で注文してくれるし、逆にMさんも、自営業者のメンバーに仕事を依頼したりする。Mさんは、「自営業の方には、模合仲間の注文は貴重」だという。このグループでは、毎月五〇〇円の積み立てもおこなっている。そのお金で、忘年会で少し良いものを食べたり、メンバーの誕生日にはケーキとちょっとしたプレゼントを買って渡すことになっている。カラオケでハッピーバースデーを入れて歌うと、独身のメンバーはとくに喜んでくれる（この模合メンバーは独身者も多い）。

コロナ禍ゆえ、今はMさんの口座への振込が多いが、Mさんの店まで模合金を持って来る人もいる。また東京にいる同級生が、「つながっておきたいから」と、毎月振込で模合に参加している。この人は模合のグループＬＩＮＥにも参加していて、遠く離れていても、同級生とつながり続けている（二〇二二年二月・那覇）。

実はMさんはこの模合に同級生の夫と一緒に参加している。家では愛想のない夫が、模合の場では豹変してものすごく元気になるという。Mさんの夫は模合を心から楽しみにしているのだ。夫婦で抱える問題も、仲間たちがさまざまなアドバイスをくれ、Mさんが言えない苦言を夫に言ってくれたりするという。模合におけるＬＩＮＥの役割については次章でみるが、このように模合仲間はささやかな助け合いをしている。


模合仲間の助け合いはほかにも、結婚式での余興、冠婚葬祭の手伝い、悩みや相談にのる、人・業者・施設などを紹介する、選挙活動を手伝う、商売をしている人がいれば、そこで商品やサービスを買うなど、大きなものから小さなものまである。模合はユイマールといわれるとき、おそらくそれは金銭を融通し合うことを指している。金銭以外の何気ないメンバー同士の相互扶助は、「助け合い」と意識されないままにおこなわれているかもしれない。とはいえ、模合仲間から頼まれれば一肌脱ごうとする心構えや、なるべく模合仲間の利益になるよう行動しようとするのは、模合仲間「あるある」ではないだろうか。

グループのそとに広がる助け合い

■模合で首里城再建に寄付する

模合の助け合いは、仲間のそとに出ていくこともある。沖縄に住んでいれば、模合のお金をどこかに寄付したという話を、ときどき目にしたり耳にしたりすることがあるだろう。琉球新報の「ザ・モアイ」の記事を読んでいても、そのようなエピソードが書かれている。同級生模合が母校への支援や寄付をしたり、近年では首里城再建へ寄付するグループも散見される。

たとえば、首里城が火災の被害にあった後の二〇一九年一一月五日の琉球新報には、「浦添商七期模合」が首里城再建に一〇万円を寄付したという記事がある。また、異業種模合による子ども食堂への寄付(琉球新報　二〇一九年一一月二四日)などもある。新型コロナウイルス感染症が発生した後には、恩納村の同期模合グループが、積み立てで旅行を計画していたがコロナで行けなくなり、代わりにそのお金で区長にマスク一五〇〇枚を寄贈した、という記事(琉球新報　二〇二〇年六月三日)があった。

私が直接聞いた例では、たとえばTさん(七〇代・男性)の自治会模合では、一万円の模合金のうち、一〇〇〇円は地元の体育協会の活動費に寄付し続けているという。また、那覇市のある地域では長らく自治会がなかったため、ＰＴＡや、ＰＴＡのＯＧやＯＢが地域のことを担っていた。

そのPTA役員や地域の有力者と、もともとその地域にあった親睦模合が合体して立ち上がった模合グループ「Kの会」は、地域の小学校の創立記念のために模合金の一部を積み立て資金をつくり、寄付をしたという（二〇一一年九月・那覇）。

次の事例は、同級生模合からNPO法人ができた話である。

■模合から生まれたNPO法人

宮古島の離島、池間島にある「NPO法人いけま福祉支援センター」は、小規模多機能型居宅介護事業所であり、また「シマおこし事業」や子育て支援活動もおこなっている池間島の核となるNPOである。このNPOは、池間島出身の女性たちの同級生模合から生まれたことで知られている。この模合の女性たちは、池間小学校、池間中学校を卒業し、ほかの卒業生たちと同様に（高校がないので）中学を卒業すると、島を離れた。その後、宮古島本島の市街地に暮らしていた彼女たち同級生は、二〇歳の頃に同級生模合を始めた。代表の前泊博美さんによれば、模合の話題は年をとるにつれ、二〇代は彼氏の話、三〇代は互いの子ども自慢、四〇代は夫の愚痴と変わっていったという。

ちょうどその頃、「あの子たちは島を捨てた」と池間島の年配者に言われていることを知る。気になった彼女たちは五〇代に、島の年配者が何を考えているのか知りたいと、島で年配者を集め、本音で話してもらう「サロン活動」を始めた。彼女たちも、活気があった池間島がさびれていくのを感じ、「島に育ててもらったのに、何も恩返しできていない」という気持ちだった。そして島の年配者が、「弱ったからといって島外の施設に入れられたくない。島で最後まで暮らし、島で死にたい」という希望を持っていることを知った。

そこでNPOの勉強をし、行政とも折衝、協力しながら、とうとう彼女たちは「いけま福祉支援センター」をたちあげた。センターの場所は老朽化していた離島振興総合センターを、彼女たちの夫なども巻き込んで整備し、ときには模合のお金をつぎ込んで修繕した。この場所は「きゅーぬふから舎(きょうも楽しいね舎)」として、介護保険事務所となった。

なかには、このような模合の活動についていけずやめた模合メンバーもいたそうだ。六〇代の今も彼女たちは、島の年配女性のサロンのような土曜日のいきいき教室や、学童・預かり保育といった孫世代の支援まで、さまざまな活動をおこなっている。同級生模合も続いており、現在の話題は「孫の話」だという(代表・前泊博美氏より・二〇一六年一月・池間島)。

■慈善団体のようにふるまえる理由

このように模合グループの助け合いはグループをこえ、さらに別の組織を生み出した例まであった。模合という組織は、メンバーの同意さえあれば、慈善団体のようにふるまえるのだ。なぜそのようなことが可能なのだろうか。

私たちは個人で社会貢献したいと思っても、小銭を募金箱に入れるのが精いっぱいではないだろうか。個人でまとまった金額を寄付することは、なかなか難しい。しかし模合という組織のメンバーになれば、それらは実行しやすくなる。模合はそもそもお金を集める組織である。模合という組織を通せば、模合金の一部を寄付に回す、あるいは寄付用にみなで積み立てるなど、いろいろな方法で寄付金をつくることができる。

考えてみると、模合のお金を寄付しやすいのは、個人所有の色が消えているからである。前にも書いたように、模合で集めたお金は個人のものではなく、みんなのお金になるのだ。一〇人がそれぞれ稼いだ一万円は、Aさん、Bさん、といった個人が稼いだお金ではあるが、模合でそれらをまとめたお金は、「みんなのお金」になっている。だからこそ、たとえグループの積立金であっても、そこには個人の名前は付かない。旅行模合で「ホテルと交通費は模合もち、小遣いだけあれば良い」と語られるように、みんなで積み立てたことで「みんなの積立金」になり、旅行のときは「ただで旅行ができる」という気持ちになる。

このように、模合という仕組みを使えば、お金の質的な変化が起こる。それによって、なんとなく気前よく使えるし、模合のお金を「寄付」することも容易になるのだ。

このことは、模合から受領したお金を、個人的な支援に回すことにもつながる。

私が参加していた大阪市大正区の模合メンバーに、名護出身で大阪に長く暮らしている男性(六〇代)Hさんがいた。Hさんは三万円模合を毎月二口掛けていたが、うち一口分は名護の両親にそのまま仕送りしていた。その理由としてHさんは、「別に頼まれてやっているわけではない。親が困っているのがわかるから」と話した(二〇一一年一一月・大阪)。このように、模合から受け取ったお金であれば、個人的な支援もしやすくなるといえる。

老いに寄り添う

■「美容院できれいにする」高齢者模合の役割

さきほどの「いけま福祉支援センター」の話にからめて、模合と老いの関係についても考えてみたい。年をとってもアクティブに模合を楽しんでいる人たちは、確かにいる。小学校の先生をしていた女性たち九名が集ったランチ模合の席に参加させてもらったことがある。この模合は彼女たちが現役の教員だった頃から三〇年以上続いていた。七九歳の一人を除き全員八〇代であったが、全員が複数の模合に参加していた。この模合を含め七つの模合に参加している人(八六歳)、六つの人(八三歳)、五つの人(七九歳)がそれぞれ一名、四つの人が五名(八六歳、八四歳、八三歳二名、八一歳)、二つの人が一番少なく一名(八二歳)であった(二〇一一年九月・那覇)。

八〇代でもアクティブに模合を楽しんでいる人がいる一方で、年をとると模合を引退したり減らしたりする人が増える。県民意識調査アンケートでも、五〇代まで右肩上がりの模合参加率は、五〇代をピークに、六〇代、七〇代以上と下がっていく。高齢になると現役を引退し収入が減るために、模合に回すお金が減るのだろう。お金に余裕がなくても模合をしたい人は、どうしているのだろうか。

ある七〇代のタクシー運転手さんは、年金が十分ではないため、模合金を稼ぐために働いているという。二万円模合と一万円模合を二つしているため、合計四万円が毎月必要だ。「四万円を稼ぐため、仕事も頑張ろうと思える」と話す（二〇一三年七月・那覇）。この人のように、なんらかの手段で模合金を稼ぐか、模合の数を減らす、やめるになるのだろう。

同級生模合のように、同じような年齢のメンバーでおこなっている模合の場合、老いとともに模合グループ自体がなくなることもある。別の七〇代タクシー運転手さんはむかし、七名の同僚と旅行模合の積み立てを月に一万円でやっていた。これまで、家族も一緒に北海道に三回行き、九州の有名温泉地もほとんど回った。大阪や岐阜にも行った。しかしメンバーが高齢化し、病気で行けなくなったり模合をやめる人が増え、とうとう模合自体がなくなってしまったという（二〇一二年三月・那覇）。このように、模合のメンバーが老いるとグループも老いるということであり、ついにはなくなってしまうのだ。

五〇代のタクシー運転手さんは、「老人の模合は、一人死に、二人死にとメンバーが減っていく」と話す。「それでも模合をやっているからこそ、こういう安否情報がわかる。模合をやっていないと、その人が亡くなったことすらわからなくなる。だから模合をしなければならない」と話す（二〇一二年六月・浦添）。メンバーの死に直面することも、高齢者模合の宿命なのかもしれない。

「年をとり、模合をやめてしまった母親の元気がなくなってしまった」と語った女性がいたが、すべての模合をやめてしまうと生きがいをなくす人も多い。その意味でも、好きな模合一つだけでも参加するのがよいようだ。高齢の女性は、模合がある日は張り切っておしゃれをして出かける人が多い。「私の姑さんは、毎月、美容室で髪をきれいにセットしてから模合に出かけていた」「八〇代の母が、明日模合だからと美容院に行った」などという話も聞いた。

■模合が生きがいになるのはなぜか

模合にいけば、友達と美味しいものを食べながらおしゃべりができる。高齢者の模合で話題に上るのは、健康情報、自分や知り合いの病気の話、病院や介護施設の評判、誰がどこの施設に入ったか、などだという。そして、こういうお出かけとおしゃべり自体が、「ボケ防止」になるといわれる。

ただ七五歳をすぎると、模合を「取った、取らない」、模合金を「出した、出さない」などのもめごとが増えるという。模合の日を忘れる、模合をすでに取ったのに「まだ取っていない」と文句を言う、などである。奇異な言動に気づいた模合メンバーは、そのメンバーの家族に「少しおかしいのでは？」とこっそり伝える。月に一度だけ会う模合仲間のほうが同居家族よりも早く、メンバーの認知症に気づく可能性があるのだ。

年をとったら、模合抜きでただの食事会をすればいいのではないか、と思うかもしれない。しかし、長年模合をやってきた年配の人たちにとって、「ただ会うだけではおもしろくない」という（二〇一五年八月・宮古島）。そこで周りの人たちは、高齢者から模合という楽しみを奪わないよう奮闘することになる。六〇代の女性は、年配者の多いグラウンド・ゴルフ模合の幹事をしている。彼女はメンバーのなかで一番若く、ずっと幹事をやらされている。「模合はいつ？」と毎日電話してくるメンバーがいたり、すでに取ったのに、「次回は自分が取りたい」などと言ってくる人がいたりと、なかなか大変だという。しかし、彼女が「幹事をやめたい」というと、メンバーみんなが「私たちの楽しみをなくさないで」と言うので、がんばって続けている(二〇一六年一月・宮古島)。年配者にとっては、他の年代以上に模合が生きがいになり、周りも努力して支えるのである。高齢の親の模合の送り迎えを担当する娘・息子たちも多い。

糸満市近郊の地域模合をみてみよう。この地域の「班模合」は毎月一回公民館でおこなわれ、班の人たちが集まってくる。この地域には歩いていける居酒屋がなく、町まで飲みに行く元気がない高齢者が多い。だからこそ、このような公民館の模合や誰かの自宅でおこなわれる模合は、高齢者にとって大きな楽しみとなる。公民館なら家から歩いて行けるので、みんな杖を突きながらでもやって来る。近所の模合なら居酒屋よりも安く飲食でき、知り合いみんなとおしゃべりすることができる。

班模合の主催者の一人Oさん(六〇代)は、「年配の方が模合を喜んでいらっしゃる」ので、できるだけ長く来てもらえるように努力している。もし連絡もなく模合に来ない人がいれば、「何かあったのか」「体調が悪いのか」と家まで見に行ったり、一人では来ることができない人を家まで迎えに行ったりもする。Oさんによれば模合のおかげで、地域で暮らす高齢者の状況(入院、病気、家庭事情)が共有され、心配したり手伝ったりできるという。また、Oさんの自宅でも別の模合が開かれているが、その模合の最高齢は九一歳であるという。そのメンバーの家族からは、「お願いだから抜けさせないでね。みんなと話すだけで落ち着くから」と頼まれているそうだ(二〇二二年九月・糸満)。きっと沖縄のあちこちで多くの人たちが、高齢者にいつまでも模合に参加してもらおうと奮闘していることだろう。そのような人たちは、自分もいつか「してもらう側」になることが想像できるのかもしれない。世代交代が進んでも沖縄で模合文化が続いてきたのは、このように世代間の助け合いがあったからだろう。年をとっても模合を楽しめる社会は、ユイマールが生きている証拠でもある。

模合仲間とはなにか

■「模合にして絆を固める」　模合は組織である

ここまでみたように、人びとは模合によってさまざまにつながり、助け合っている。模合開始のきっかけが別れであるように、模合には流動的な人間関係をつなぎとめる役割があり、また親族や近隣住民、同級生との模合のように、もともとあった絆を強化する機能もある。

では、模合を一緒にやっていく仲間とは、どういう集団なのだろう。当たり前だが、模合仲間は、模合参加者しか持てない人間関係である。たとえば同級生という人間関係の場合でも、ただの同級生と、毎月模合で顔を合わせる模合仲間の同級生とは、関係が異なるはずだ。では、何がどう異なるのだろうか。

五章で書いたように、ある集まりを「模合にする」とは、集まりを組織にすることである。「模合にして絆を固める」という言い方がされるように、ただの集まりは模合グループになることで強固になる。そして集まる人たちは、模合という組織の一員となる。模合にはできるだけ出席することが望ましい。特別な事情がない限り、出席せずに模合金だけ出す人は肩身が狭いという。

実際、「忙しくて模合に出席できなくなり、申し訳ないからやめた」と話す人に何人か会ったことがある。またグループの側からすると、「メンバーの出席率が悪い模合はよくない」となる。なぜなら模合仲間の信頼は、毎月顔を合わせることで培われ、維持されるからだ。

■模合金を出し合うから仲間である

模合座がただの飲食の場ではなく組織の集会なのは、メンバーが模合金を出し合うからである。宮古島の模合座で、自営業の四〇代男性は次のように私に言った。「模合はいいよ！　みんなが汗水流して働いたお金を、友達を助けるために出す。裏切る人は、愛はあっても情けはない」（二〇一七年八月・宮古島）。この言葉に凝縮されるように、模合金は、みんなが汗水流して働いたお金である。一万円や五〇〇〇円でも、出すのが苦しいときはあるだろう。それでも模合仲間のために、なんとしても現金を持ち寄るのが模合なのである。大事なお金を出し合うことができるのは、仲間を信頼しているからであり、繰り返しになるが、その信頼は毎月会うことから生まれる。

誰の人生にも喜びがあり、悲しみがある。長年模合を続けていると、模合仲間は家族のように、人生の苦楽を共にするパートナーになる。模合では、仲間やその家族の幸不幸に、祝儀を出したり香典を出したりする。前述のように、その個人的負担を軽減するため、グループで慶弔制度をつくっているところもある。いずれにせよ、模合仲間とは喜びと悲しみを分かち合うべき、との考えは広くある。

こうして模合を開始して、三年、五年、一〇年と過ぎれば、仲間が抱える仕事や家族の問題などについても、また性格の難についても、自然と知っていくことになる。そうして模合仲間は、その人が抱える苦しみや悲しみをそれとなく支え、性格の難はカバーしてくれる。「あんまり飲み過ぎるなよ」「そういう言い方するから、奥さんが怒るんだ」などとときにアドバイスをしたり、ときに黙って見守ったりする。こういうことは、単発の飲み会ではなく、長年、同じ仲間と定期的に会うことで生まれてくる。毎回の親睦には特別な価値を見出せないかもしれないが、長年継続して会うことにより、気が合う合わないを超えて、時間と場を共有してきた者同士の深みが生まれる。家族とも親友とも違う、模合仲間としての絆が生まれるのである。つまり、模合仲間は、自分で選んだ友であったり、模合でたまたま出会った人であったりする。彼らと毎月一緒に過ごしていくことで、自分で選び抜いたベストメンバーではなくても、気が付けばいざというときに助け合える、ときに家族以上の仲間になっているのである。

琉球新報の「ザ・モアイ」の記事には、宮古島出身者で本島在住の八〇代女性の同級生模合の話が書かれていた。「幼いころからの付き合いだから絆が強く、信頼が厚い。家族に言えないことも、ここでは打ち明けられる」(琉球新報 二〇二〇年二月九日)。私も実際、宮古島の六〇代の女性が、次のように語るのを聞いた。「模合でできた友人は、家族以上の関係。家庭の悩みとか、お互いに全部知っている」(二〇二二年三月・宮古島)。那覇在住の伝統工芸に携わる男性(四〇代)も、模合仲間との絆について、「模合の仲間が言うんだったらと、信頼できるんだ」と語った(二〇二二年五月)。

このように模合仲間はときに、「家族以上」の存在にもなる。もちろんこれはある種の理想形であって、すべての模合でこうなれるわけではない。また素晴らしい模合仲間をもてたとしても、それは結果に過ぎない。最初から「家族以上の仲間をつくろう」と思って模合に参加する人は少ないだろう。実際、模合仲間の助け合いについて聞いたところ、「そんな理屈で模合をやってない」「ただ親しいメンバーでひと時を過ごすためだ」と言われたこともある。おそらくそういう人が大半であって、気が付いたら深い人間関係が出来ていた、ということなのだろう。

■移住者を地域の模合に誘う

語弊があるかもしれないが、自分が長年所属する模合仲間全員が、自分にとって唯一無二の友、というわけではない。同じ模合グループの中でも、とても親しい人からそうでない人までさまざまな人がいる。友達の友達が参加しているなど、自分とそれほど深い関係になかったメンバーも含まれるからだ。たとえ同級生模合でも、一〇数人のメンバー全員と同じように気が合うわけではない。逆にいえば、模合仲間になれば、あまり親しくない気の合わないメンバーとも時間を共有して、少しずつ親しくなることが、模合の醍醐味ともいえる。

「遠い」人を模合仲間として受け入れる実践の例として、次の記事は興味深い（琉球新報 二〇二三年三月五日）。過疎化に悩む久米島の久間地集落の人びとは、外からの移住者に抵抗感があったという。そこで自治会が毎月の定例会を「模合に変更し」、移住者に参加を促した。模合で定期的に交流することで移住者の人柄を知り、地域行事への参加を促したりした。そうして互いを知ることで、地元住民の抵抗感は薄れ、関係が深まったという。

似たような話は、竹富島でも聞いた。九〇代の男性は、地域で開催している月例会にヤマトの人(移住者)を誘い、模合に参加してもらっていると話した。そして彼らに、地域の行事にも参加するよう働きかけるのだと話した(二〇二三年六月・竹富島)。

しかし毎月会っていても、あるいは毎月会うほどに、「この人は苦手だ」と思うメンバーもいるかもしれない。「〇子がこのままメンバーでいるなら、自分がこの模合をやめる」と去っていくケースもある。「仲が良い人としかやりたくない」という人も、「長年の間に、気の合う仲間だけが残っていく」という人もいる。逆に、お互いの欠点も含み込んで、持ちつ持たれつ続くのも、模合ではよくある。性格的な難は、とくに同級生という幼なじみなら許容される傾向がある。ただし、金払いにルーズな人だけは、受け入れられないだろうと思われるが、次のような話もある。

浦添の五〇代男性Mさんの同級生模合では、かつて持ち逃げした同級生がいた。そのことで逆に、「もう二度とこんなことが起こらないように」と残った仲間の結束が強まったという。

私は、その持ち逃げした人が戻ってきたらグループに戻れるのか聞いてみた。私の予想は「それはない」という返答だった。しかし少し考えたMさんは、まずはメンバーと話し合うとしたうえで、「どうしようもない奴だから、戻ってきたら受け入れるかもしれない」と語った(二〇二三年八月・那覇)。私はかなり驚いた。「どうしようもない奴」だが、他ではうまくやれないだろうから、自分たちで受け入れるということだろうか。いずれにせよ、模合仲間のこわれた絆は、こうした同級生の「深い愛」で再びつなぎ合わされることもあるのだ(この話を那覇の友人に話すと「それは考えられない。すごい話だなあ」と感嘆していた)。

一〇章　世界のウチナーンチュと模合

沖縄県は、よく知られているように、多くの移民を送り出してきた。世界各地で生活する沖縄県系移民とその子孫「世界のウチナーンチュ」は、およそ四二万人とされる。移民先の主要国として、ブラジルが約一五万人、アメリカが約九万人、ペルーが約六万人、アルゼンチンが約三万五〇〇〇人、ボリビアが約六〇〇〇人だという。[19] 彼らが移住先で重ねた苦労は並大抵のことではなかっただろう。沖縄県系移民は、どこの移住先でも模合を組織し、生活を支えてきたことは知られている。では現在、模合はいまも活発なのであろうか。

この章は、「世界のウチナーンチュ大会」で模合について聞き取りした報告である。

■「世界のウチナーンチュ大会」で模合の話を聞く

世界のウチナーンチュの苦労をねぎらい、新たにつながりを作っていこうと始まったのが、沖縄県主催の『世界のウチナーンチュ大会』である。第一回大会は一九九〇年で、五年ごとに大会が

19　石川友樹「総論 沖縄の移民」琉球文化アーカイブ「移民の世紀：沖縄移民の１００年」(http://rca.open.ed.jp/city-2001/emigration/world/world_f.html)。

国際通りをパレードする世界のウチナーンチュを出迎える人びと

開催されてきた。世界のウチナーンチュが世界じゅうから沖縄に集い、ホストである沖縄県や移民を送り出した各市町村で、彼らを招いてさまざまなイベントがおこなわれる。国際通りでおこなわれる移民国ごとのパレードは、沿道に多くの人が押し寄せ、「おかえりなさい！」「めんそーれ！」と声が飛ぶ。

　コロナ禍もあり、一年遅れで開催となった二〇二二年の第七回大会（一〇月三一日～一一月三日）は、新型コロナの影響があり例年より参加者は少なめではあったものの、[20]海外参加者が集まり盛大に開かれた。私は、模合の調査を始めた二〇一一年に開かれた第五回大会と、二〇二二年に参加し、各国の模合事情について聞き取りをした。

　大会に参加して感銘を受けるのは、それこそ地球の反対側から、はるばる沖縄に多くの世界のウチナーンチュが「帰ってくる」こと、そしてそこにある故郷沖縄への愛と、その愛に応える沖縄

20　二〇一六年一〇月に開かれ、約七四〇〇名という過去最高の海外参加者を迎えた「第六回大会」に比べると（「第七回世界のウチナーンチュ大会ウェブサイト・過去大会概要・第六回」https：//wuf2022.com/ja/past-tournaments/）、二〇二二年の海外参加者は約一七〇〇名にとどまったという。日本の水際対策の強化や旅費の高騰などで、南米の沖縄県人会による組織的な派遣が見送られたことなどが要因である（『ブラジル日報』二〇二二年八月二七日「南米四県人会が組織派遣を断念　世界のウチナーンチュ大会に」https：//news.yahoo.co.jp/articles/39653cec945404a2184189d17a2337c072bb0fe4）。

県民の姿である。海外移民の親族がいる人が多いという事もあろうが、これほどまでに移民の方を大切にし、つながろうとする自治体が、日本に、いや世界にあるだろうか。

二〇一一年の大会を前に、那覇のタクシー運転手さんは私にこう話した。「ウチナーンチュ大会は、県民も盛り上がりますよ。やはり沖縄の人は違うんですかね。沖縄を忘れない。二世も三世も」（二〇一一年九月・那覇）。沖縄県立図書館は、世界のウチナーンチュが自分のルーツや沖縄の親族を見つけるための支援をしており、大会期間中は専用のブースが出て、ルーツを探している人の姿がみられる。

では、世界のウチナーンチュは、どのように模合をおこなっているのだろうか。いくつかの地域、国別に紹介する。なお、聞き取りの場所はほとんどが開会式や閉会式会場の沖縄セルラースタジアム那覇あるいはパレードのおこなわれた国際通りであったため、本章では、那覇の場合は聞き取りの地名を省略している。

世界のウチナーンチュはどんな模合をしているのか

■米国ハワイ　「モアイ」では通じない、「タノモシ」なら知っている

一〇〇年以上も前から移民を送り出してきたハワイでは、すでに五世、六世もおり、移民の数も多い。六〇代の三世の女性は、祖母がウチナーンチュで、「モアイ」という言葉はわからないが、「タノモシ」ならわかると話す。そして、自分の祖母は「タノモシ」をやっていたが、二世の母や自

分はやっていないという。また七〇代三世の男性は、タノモシはわかるが、意味は知らないと話した（二〇一一年一〇月）。

四世の五〇代男性Gさんは、日本に短期留学したことがあり日本語が話せる。三線も学んでいるという。彼は、「ハワイの人に『モアイ』といってもピンとこないよ」という。「ハワイではタノモシという。たぶん日本語だよね。広島の人とかがそう言っていたのかな。自分が小さいときは、沖縄の人はムエーとかユーレーと言っていたよ。差別や信頼の問題があったから、沖縄の人は沖縄の人同士でユーレーをやっていた。一世や二世はそれで事業などを起こしたんだ。九〇代で亡くなった三世の父親は、すでにタノモシはやっていなかったと思う」（二〇二二年一一月）。また、ハワイに単身で渡った七〇代の男性は、一九七一年に移住した当時、小禄出身の商売人が多く、彼らがタノモシをやっていたのを覚えている。ただ自分はやったことがないと話した（二〇二二年一一月）。

模合よりタノモシが通じるのは、ハワイのウチナーンチュだけではなく、南米など他地域のウチナーンチュもそうだった。二〇一一年にはじめてウチナーンチュ大会で聞き取りをしたとき「模合」が通じないことに驚く一方、おもに西日本の呼称である「タノモシ（頼母子）」や、沖縄の古い呼称であるが「ユーレー」が広く知られていることにも驚いたものだった。多くの沖縄移民一世がハワイに渡った二〇世紀初頭から前半の沖縄では、歴史編でみたように、ユーレー、あるいはムエーと呼ばれていたのだろう。そして「モアイ」は一般的ではなかったのだろう。また「タノモシ」については、西日本からの日系移民の影響があったのだろう。

英語しか話せない三世、四世の多くは、モアイは知らないがタノモシは知っており、「ハワイでは今はやっていないと思う」と語ったように、ハワイ移民は豊かになり、ユーレーやタノモシを通して助け合いや金銭の融通をする必要はなくなったようだ。ただし、模合がまったくなっているわけではない。七〇代の男性は、今はコロナで止まっているが、友人とタノモシをやっていると話した。金額はだいたい一〇〇ドルで、「ウェーキヤー（裕福な家の人）は三〇〇ドルでやっているよ」と笑った。タノモシの目的は親睦で、ウチナーンチュだけがやっている、ほかの日系人や若い人はやっていないのではないか、とのことだった（二〇二二年一〇月）。沖縄型の親睦模合をしている人も、ハワイのウチナーンチュにはいるようだ。

■米国フロリダ　「ムエー」はパーティーのようなもの

フロリダに住む六〇代女性はアメリカ人の夫と結婚し、一九六九年にフロリダに移住した。むこうでもウチナーンチュは、「ムエー」をやっているという。やはりモアイとは言わないのである。そのムエーは、一か月に一度のパーティーのようなもので、楽しみのため、集まるためにやるという。つまり、親睦模合である。一年で終わるように、メンバーは一二名程度にしている。やり方はほとんど沖縄と同じだという。彼女は一〇〇ドルを二口していて、三つの模合に入っている。楽しみのためとはいいつつ、金融的な役目もあるようで、彼女はこれらの模合を取ったお金で、沖縄に来る飛行機代を出している。

後述するように、ウチナーンチュ大会に来るために飛行機代を模合（タノモシ）で貯めるという人たちは、フロリダに限らず多いようだ。彼女はウチナーンチュ大会だけでなく、トートーメーのために、模合を取っては沖縄によく帰ってくるという(二〇一一年一〇月)。

■ボリビア　「モアイ」はみんながやっていた

ボリビア移民は、ほかの国・地域に比べ、移民の歴史が新しい。沖縄戦後の厳しい社会・経済状況を背景に、ボリビアに向かった人たちがいた。しかしそこでは、日本政府からの支援があった他の日本人移住者と、米国占領中の沖縄出身者との区別があったという。米国からの支援は途絶え、沖縄県系移民はことさらに苦労を強いられた。最初に多くの沖縄県系移民が入植した「コロニア・オキナワ」と呼ばれた村において、移民は家族同然に助け合って暮らしていたという(琉球新報 二〇二二年一〇月二三日)。

一九五九(昭和三四)年、子どもの頃にボリビアに移住し、二〇歳で沖縄に戻ってきた七〇代女性に模合の話を聞いた。「模合？　もちろんみんなやっていたわよ！　昔は模合なしには生活がなりたたなかったからね」。当時の移民の人たちは、事業を起こすための助け合いとして、模合をやっていたという(二〇二二年一一月)。沖縄戦後の移民であるボリビアのウチナーンチュには、「モアイ」が通じる。ボリビア移民二世の七〇代男性は、ボリビアで生まれたが一九八三(昭和五八)年に帰国し、もう四〇年近く沖縄に暮らしている。彼がボリビアで暮らしていた一九七〇年～一九八〇年前半も、親睦や事業の目的でウチナーンチュは活発に模合をしていたという(二〇二二年一一月)。

ボリビア沖縄県人会会長の比嘉徹さん（五〇代）にも話を聞いた。比嘉さんはボリビアの模合について、「みな、親睦や事業を起こすとき、ユイマールの精神をもって模合をやっている」という。県人会長としても、ウチナーンチュ社会に模合は重要だと考えており、今後は、種類の異なる模合グループをいくつか立ち上げたいという。県系人それぞれに経済的事情も異なるため、高額なものから低額のものまで、また若い人から年配の人まで、誰もが参加できるようにいくつかの模合グループを立ち上げたいのだという。また、それらの模合のサイクルを、毎年一月に始まり一二月に終わることで、「一緒にやるという意識」をつくり、集まる動機付けにしたいと語っていた（二〇二二年一一月）。

このように、ボリビアのウチナーンチュ社会では、現在の沖縄と同様に、親睦や事業のために、今も活発に模合が活用されている。

■ブラジル　「タノモシ」をやっている

もっとも沖縄県系移民が多いブラジルでも、かつては多くのウチナーンチュが助け合いや事業のために「タノモシ」をやっていた（森幸一　二〇一一など）。しかし今のブラジルでは、タノモシはそれほど盛んではないという。ウチナーンチュ二世の女性二名と男性一名（四〇代）は口々に、両親（七〇代～八〇代）はタノモシをやっていたのでタノモシの意味はわかるが、自分たち若い世代はもうやっていない、と答えた（二〇二二年一一月）。

ウチナーンチュではない日系人二世の五〇代男性によれば、サンパウロ市のビラ・カロン地区には多くのウチナーンチュが暮らしており、彼らは現在、経済的というより親睦のためにタノモシをしているという（二〇二二年一一月）。六〇代男性も、ウチナーンチュの友達と、親睦のためのタノモシをしていると語った（二〇二二年一一月）。また、二〇一一年一〇月に聞き取りをした一世（四〇代）、二世の二人（三〇代・四〇代）の三人組男性に話を聞いたときも、「自分たちはしていないが、やっている人はいる」「計画的に、ウチナーンチュ大会に合わせてタノモシをしている人がいる」「今回オキナワに来るために、自分たちもやっておけばよかったと後悔している」と口々に語っていた（二〇一一年一〇月）。

このように、ブラジルからの交通費が高いためか、ウチナーンチュ同士でこの大会に来るためにタノモシをしているようだ。同じく二〇一一年に聞き取りをした一世（二七歳のときにブラジルに渡った）の女性（七九歳）は、「サンパウロ州サンタアンダレー市の婦人会で、月に一回、ウチナーンチュで歌ったり食べたり琉舞を踊ったりして楽しんでいる。多いときには五〇名ほど集まっているが、活動のなかにはタノモシもある。それは、タノモシをやらないと、人が集まらないからだ」と話した。彼女は、ブラジルに行ってしまった夫を追いかけて移住し、苦労して子どもを五人育てあげた今、とても幸せだと話した（二〇一一年一〇月）。

ブラジルでも模合はタノモシとして知られ、移民一世は事業のためなどにおこなっていた。しかし、その下の世代や、さらに若い世代になると、あまり一般的ではなくなっているようだ。ただし、完全になくならず、一部の人の間で親睦として残っているようである。

■ペルー「若い者にもタノモシをやらせている」

ペルーでも、やはり模合はタノモシとして知られている。二〇一一年一〇月に話を聞いた当時ペルーの沖縄県人会会長だったルイス嵩原さん（六〇代）は移民三世で、その前月に会長に就任したばかりだった。ペルーにいる七万人のウチナーンチュのために頑張ろうと張り切っておられた。嵩原さんによれば、タノモシはむかしは盛んで大きな金額でやっていたが、今は親睦程度になっているという。ペルーは為替の変動が激しく、しばらくタノモシができない時期が続いていたが、六～七年前から再開しつつある。嵩原さんは言った。「若い人たちに今、タノモシをやらせている。そうすれば、月に一回必ず会うでしょう？」。彼自身も、親睦タノモシに参加している（二〇一一年一〇月）。

二〇二二年のウチナーンチュ大会では、ウチナーンチュだけでなくほかの日系人も含めてタノモシをやっているという話を聞いた。三世の五〇代女性は、二〇名のタノモシをやっているという。毎月一人が取り、二〇か月で一回りし、金額はだいたい三〇～四〇USドルくらい（一ドル一四〇円計算で四二〇〇円～五六〇〇円程度）であるという。彼女のタノモシグループは、日系人大学生組織のかつてのメンバーで、卒業すると解散して会えなくなるからとタノモシが始まった。ウチナーンチュだけでなく日系人でやっていることについては、「三世にもなれば、ウチナーンチュも何も関係なくなっている」からである。

まさに沖縄の親睦模合と同じように、別れがきっかけで始まり、毎月一回レストランで飲食を楽しんでいる。この沖縄型の親睦模合がペルーにおいて、ウチナーンチュだけでなくほかの日系人と一緒におこなわれているのが面白い。ペルーのインフレ（通貨変動）についても聞いてみると、目的が「助け合いじゃなく親睦のためだから、もらえるお金が目減りしても、誰も気にしない」と話す。ラテンアメリカのスペイン語圏では、模合を指す言葉として「タンダ（tanda）」がある。その女性によれば、他のペルー人は経済目的でタンダをやっているが、日系人は親睦としてタノモシをやっているのだとその違いを語った（二〇二二年一〇月）。

このように、ペルーではウチナーンチュ以外にも日系人社会やペルー人社会を含めてタノモシが盛んで、ウチナーンチュは現在、親睦タノモシを楽しんでいるようだ。

■アルゼンチン「タノモシ、ユーレーをしていた」

アルゼンチンは、ブラジルやペルーほどではないが、沖縄県系移民の移住先四位である。

三世の六〇代男性は、南風原出身の祖父母と一緒に暮らしていたので日本語ができる。お父さんは花屋をやっており、自身は洗濯業を経て不動産関係の仕事をしている。銀行はお金を貸してくれないから、今日にいたるまで五五年間、「タノモシ」「ムエーグヮー」をやってきたという（やはりモアイは聞いたことがない）。「ほかの日本人はタノモシをしていないよ。沖縄の文化だ」という。五〇〇～一〇〇〇USドル（一ドル一四〇円計算で七万円～一四万円程度）くらいの高額模合をやっている人もいる。メンバーの数は一五人から二〇人くらいである。

二〇年くらい前までは高額のタノモシをしていたが、今は大きいのはなくなり、親睦目的の少額のものだけだという。昔のウチナーンチュ社会では、大きなタノモシをして、そのおかげでみんな家を建てることができた。結婚するにも「タノモシ」をした。そして、「みんなその借金を一生懸命返したんだよ」と笑う。三世代同居で沖縄の言葉や文化は四人の子ども(三〇代)に受け継がれているそうだが、彼らの世代が将来ムエーをするかはよくわからない。「今の若い子はハングリー精神がなく、子どももあまりつくらないから」(二〇一一年一〇月)。

七〇代男性は一九五〇年代、八歳のときに、両親とアルゼンチンに移住した。宜野湾出身の両親が、家ではウチナーグチを話していたため、日本語は話せないがウチナーグチなら話せる。アルゼンチンでも「モアイ」とはいわず、「ユーレー」、あるいは「タノモシ」と呼ぶという。彼の両親も彼自身も、一九八〇年代まではユーレーをしていた。ユーレーはウチナーンチュ社会全体で盛んで、当時はメンバーが六〇人くらいいて、二つに分けて取っていた。洗濯屋の経営者が多く、その機械をユーレーで買ったりした。しかしアルゼンチンの通貨の変動が激しくなり、一九九〇年代以降、ユーレーをあまりやらなくなったという。一緒に参加していた男性の妹(六〇代)は、日本語学校に子どもを通わす親たちが、タノモシを親睦のためにやっているようだと語った(二〇二二年一一月)。

このように、アルゼンチンでも、事業などの資金蓄積のためのタノモシから、親睦へと目的を変えているようである。

日本に暮らすアルゼンチン移民二世のウチナーンチュ男性(五〇代)からも話を聞いた。彼は一七歳のとき、日本に働きにやってきた。大会(二〇二二年)には、神奈川県鶴見からウチナーンチュ大会に参加した。日本に来る前（三〇年以上前）のアルゼンチンでは、自分の父親などウチナーンチュたちがタノモシをしていたのを見ている。この人自身は現在の鶴見で、アルゼンチン、ブラジル、ペルー、ボリビアからのウチナーンチュ以外の日系人もメンバーに含めて、一〇万円のタノモシをしているという（二〇二二年一一月）。

沖縄セルラースタジアム那覇での「世界のウチナーンチュ大会」の閉会式

■海を渡ったユーレー、モアイのつながり

以上のように、国によって模合の呼び方も、現在の模合実施状況もさまざまであることがわかった。ボリビア移民のように戦後の米軍統治下で移住をした人びとは、当時の沖縄でも一般的になりつつあった「モアイ」という言葉とともにボリビアに渡ったのだろう。一方、ハワイやブラジルなど一〇〇年近い歴史をもつ移民社会では、モアイという言葉はほとんど知られていない。歴史編でみたように、やはり「模合《もあい》」という呼び方は戦後に一般的になったのだろう。

興味深いのは、東日本での呼称である無尽《むじん》はほとんど聞かれなかったことだ。内地からハワイや南米に向かったのは、西日本の人が多かったからだろうか。たとえば一九二九年のハワイ移民の出身地は、広島、山口、熊本、沖縄、福岡がトップファイブである（飯田一九九四）。西日本出身者が故郷で使っていた「頼母子（タノモシ）」が移住先の日系社会で「共通語」となったのだろう。沖縄出身者は、「タノモシ」が「ユーレー」「ユレーグヮー」に相当することはもちろんわかっていて、日系社会では「タノモシ」、家庭やウチナーンチュ社会では「ユーレー」（あるいは「ムエー」）と呼び分けていたのだろう。

また世界のウチナーンチュは、どの国においても移住当初は、相互扶助と経済的基盤をつくるために模合を起こした。沖縄から持ち込まれたユーレーという文化は、移住先で生き延びるため、さらにはよりよく生きるために重要なものだった。しかし現在、世界のウチナーンチュの経済状況は安定し、ハワイなど、かつてほど模合が盛んでない国が多い。ただ、ウチナーンチュ大会のために「旅行模合」をして旅費をつくったり、現在の沖縄同様、模合で親睦を深めたりしている国・地域があることは、沖縄と世界のウチナーンチュ社会が模合を通してもつながっているようにみえる。

第三部

未来編――模合のこれから

一一章　最大の危機?!　新型コロナウイルス

第三部では、模合の未来とこれからを考えてみたい。

ここまでみたように、模合は長年沖縄の人びとの生活に欠かせないもので、近年は親睦という形で活発におこなわれてきた。まさに沖縄は「模合社会」だったのである。「模合がない人生なんて味気ない」。そういう人がたくさんいた。そして模合社会は安泰のはずだった。しかしここに来て、模合の未来に暗雲がたちこめている。

ここでキーワードは、新型コロナウイルス感染拡大の影響、模合をしなくなっているという若者世代(とくにZ世代)である。まずは、コロナ禍の模合をみていこう。

新型コロナウイルス、どうする模合?

■「模合」中止が呼びかけられたコロナ第一波

模合が始まって以来の大きな危機は、突然やってきた。二〇二〇年初頭から全世界に広まった新型コロナウイルスは、三月ごろから沖縄県でも広がり始め、感染対策の数々が実施されるようになった。そして四月はじめ、沖縄県医師会は、模合は「三密」に該当するので中止するよう呼びかけた(琉球新報 二〇二〇年四月九日)。模合のように大勢で集まり、飛沫を飛ばしながらの飲食は、感染対策的にもっとも避けるべきことになってしまったのだ。

玉城デニー知事が、名指しで「模合」を中止するよう呼びかけたのは、二〇二〇年四月一〇日の定例記者会見だった(沖縄タイムス 二〇二〇年四月一一日)。来県自粛や県民の外出自粛要請が出た初の週末に知事は、「夜の会食、模合は感染の広がるリスクが高い。ぜひとも控えてほしい」と県民に要請したのである。これ以降、「緊急事態宣言」や「まん延防止等重点措置」が何度も発出され、模合をはじめ飲食を伴うイベントの自粛が呼びかけられた。またたびたび、模合でのクラスター発生が報道された。このような状況と県からの要請により、多くの模合グループは、集まることを控えざるを得なかった。琉球新報二〇二〇年五月四日の記事では、コロナ禍により県議選が「サイレント選挙」、つまり静かな選挙になっているとし、「夜も通常だと模合をはしごして支持を広げるが、今回は何もできない」という政治家の弁が掲載された。

では具体的に、模合グループはどのようにコロナ禍に対応したのだろうか。コロナがおさまった時期に沖縄本島や宮古島で聞いてまわったところ、実際にはさまざまな対応があった。以下、具体的にみてみよう。

■中断、自粛する

多くのグループがとったのが、模合を「中断する」という対応だ。

石垣島で出会った女性（六〇代）は、二〇二〇年三月、一八名の友人たちと模合を立ち上げたばかりだった。しかし四月の自粛要請もあり、模合を中断することになった。そのままコロナ感染がおさまらず、長い時が流れ、二回目の模合は翌年（二〇二一年）の一二月となり、実に二一カ月ぶりの模合集会となった。しかも、翌月（二〇二二年一月）から再び沖縄県では感染者が急増し、中断を余儀なくされた。私がこの女性に話を聞いた二〇二二年六月には、ようやく三回目が開催されたばかりだった。つまり三年がかりで、まだ三回しか模合ができていないのだ。三回目の集会でメンバーたちは、「この模合はいったいいつ一回りするのかしらね」と言って笑ったそうだ（二〇二二年六月・石垣島）。

この例のように、模合のサイクルの途中で模合を完全に中断したグループがある一方で、全員が一巡するまで模合金を集めて回り、一巡したところで中断したグループもある。宮古島の六〇代女性は、女性だけの同級生模合をしていた。二〇二〇年四月以降、集まって模合をすることをやめたが、取っていない人があと二〜三名残っていたので、その人たちの分もまとめてお金を集めて渡し、一回りしたところで中断した。このグループでは旅行積み立てもしていたが、旅行には当分行けそうにないので、それも全額返金した。ただ、これで模合をやめてしまうわけではなく、コロナが収まれば再開すると彼女は話していた（二〇二二年三月・宮古島）。

■ひっそりと継続する

実は、ひっそりと継続し続けていたグループも少数ながらあったようだ。那覇の六〇代の同級生模合は、普段から同級生が経営する居酒屋でおこなわれていた。居酒屋が開けられない時期もあったが、表向きは閉店にし、集まれる人は中に入ってお弁当を作ってもらい、ひかえめに飲んでいたという(二〇二二年六月・那覇)。

また宮古島の五〇代男性も、知人との模合を、コロナ禍でも継続していたという。居酒屋が緊急事態宣言で閉店していたときには、模合メンバーの自宅に集まっておこなっていたという(二〇二二年八月・宮古島)。また、那覇近郊のランチタイム模合のグループは、「もともと酒が入らないので、コロナも関係なくずっと普通に模合を続けていた」ということだった(二〇二二年九月)。

このように、コロナでも中断せずに集まっていた模合グループもあった。国や県の指示よりも、模合メンバーの継続の意志が優先されたのである。

■意外に多かった「模合金だけ集める」

聞いてみると意外に多かったのが、集まることができない間も、模合金だけを集めていたというグループである。幹事や特定のメンバーのところに各自で持って行くなどして模合金を集め、切れ目なくお金の受け渡しを継続していた。

たとえば何十年も続く六〇代の同級生模合では、メンバーが働いている飲食店に模合金をもっていくことになっていた。その人が全員分が集まると連絡をし、その月取る人が取りにやって来る。「やっぱり、お金が必要な人もいるから」とのことだった(二〇二二年二月・那覇)。浦添の五〇代男性の元バスケ部中心の同級生模合も、修理工場を経営しているメンバーの店に、みなが模合金を預けに行く形で継続していた。やはりそれも、「お金が要る人もいるから」ということだった（二〇二二年二月・浦添）。

また、七〇代～八〇代の人と模合をやっている七〇代男性は、「年寄りにコロナをうつしたら大変だから集まれない。だから幹事のところにカネをもっていく。車検で必要な人が多いから。集まれるようになるまでは我慢。でも、やめようとはならない」と話した（二〇二二年二月・那覇）。

また、郵便ポストを介しての模合金受け渡しの話も聞いた。接触機会を減らすため、幹事の家の郵便ポストに模合金を入れるという。「振込は味気ないから」だそうで、お金を入れてから、携帯電話などで知らせるという（二〇二二年三月・糸満）。沖縄本島中頭郡の自治会模合の幹事Aさん（七〇代）の携帯に、ある日メンバーから、「あんたの家のポストに模合金を入れたよ」との連絡が入った。しかし、ポストを見ても何も入っていない。すると隣家の人が、「間違って入っていましたよ」と模合金の封筒を持ってきてくれたという（二〇二二年三月・那覇）。

■模合の大きなメリットは「強制的貯蓄機能」

以上のように、コロナ禍での対応の多くは「中断」であった。また少数ながらコロナ禍でも中断せずに集まっていたグループもあった。また、「模合は集まる口実」「お金は目的ではない」といわれる親睦模合だが、お金だけを集める親睦模合グループも珍しくなかったことから、実際には親睦模合の一〇万円前後のまとまったお金をあてにしている人もそれなりに多いことがわかる。

一人ではなかなかできない貯金も、模合であれば毎月着実に貯まる。この強制的貯蓄機能は、やはり模合の大きなメリットだ。

コロナ禍による変化とは

■「またいつか前のように集まれる」と願う　模合の内容によって対応が違う

コロナ禍での対応に差があるのは、グループそれぞれの事情があるからだろう。

一人で四つの模合をやっている七〇代男性Aさんは、それぞれの模合グループで異なる対応をしていると述べた。

①中学校の同級生模合：一巡して中断中、②ゴルフ仲間の模合：「マンボウ」（まん延防止等重点措置）の間は幹事役がメンバーのところに出向いて模合金を集めて回り、マンボウがなければ居酒屋に集まる、③自治会模合：一度も中断せず、自治会館に来る人だけで換気に努め、時間を短めにして飲食する、④元職場のOB会：一巡しないまま中断中で、模合金も集めていない。

たとえば①はAさんが幹事であり、「そろそろ再開しないか」とメンバーに言われているが、なんとなく億劫になり今も中断中である。②は、まめな幹事さんがよく動いてくれ、刻々と変わる状況に臨機応変に対応している。③は、年配者が多いため自主性に任せ、集まりたい人だけ集まる、来ない人は模合金だけ持ってくるという対応で中断せずに続けている。④は、お金に困っていない人たちが多いため、途中で中断したままになっている（二〇二二年二月・那覇）。

メンバーの職業によって、再開しづらいグループもある。たとえば、おもに浦添でおこなっている五〇代の同級生模合は、仕事上コロナに絶対感染できないメンバーがいるため、コロナが始まってからずっと休止が続いている(二〇二二年二月・電話インタビュー)。年配者が多いグループも、休止が長引く傾向にある。

以上のように「コロナ対応」は、メンバーがどれだけその模合に情熱があるのかや、メンバーの職業・年齢などによっても変わる。多くのグループはメンバー同士で話し合い、中断期間や再開を決める。いずれにせよ、ほとんどの模合グループはコロナ禍でも解散はせず、「またいつか、前のように集まることができる」と信じ、中断、あるいは模合金の受け渡しを続けたといえよう。

■模合を振込む、電子決済も

コロナ禍で、変わった点もある。これまで模合を欠席する場合、幹事やその他のメンバー、会場となる居酒屋などに前もって模合金を託すことがふつうであった。コロナ禍で、幹事等に模合金を預けに行くのは、この欠席の手続きと同じである。銀行振込での模合金の支払いは、以前は特別なケースを除き(途中で県外に転勤になることや、幹事が個人的に引き受けている場合など)、やっていないグループが多かった印象だ。幹事がATMなどに行ってお金を引き出す手間や手数料のためもあるのか、休むときも現金を手から手へ、が原則だった。現在も「島(沖縄)にいる人は振込はしない」(六〇代・男性の同級生模合・二〇二三年三月・那覇)というグループは多い。

しかしコロナ禍で、接触を減らすことが奨励されたせいもあってか、銀行振込を認めるグループが増えたようだ（この後も引き続き定着するかはわからない）。また、「LINE PAY」や「Pay Pay」などのアプリを使っての送金も増えたという。銀行とは異なり手数料もゼロで、スマホがあれば簡単にできるという。これを教えてくれたのは三〇代の女性であるが、年齢層が若くなれば、このようなアプリの利用が多くなるのかもしれない（二〇二二年九月・那覇）。

模合では、その日に取る人であっても、自分の模合金（見せ金）を出さなければならない。私が、「なぜ取ると決まっている人も当日お金を出さないといけないのか（どうせすぐにその模合金は戻ってくるのだから出さなくても良いのでは）」と聞くと、多くの人に「当日取る人も出すのが当たり前だ」と言われた。「どこの模合もそう。みんなが出したと記録をしなければならない」と。しかし、コロナ禍で模合金を幹事が集め、あとで受領予定者が取りに来る場合、わざわざその人が模合金を支払う必要はないとされているようだ。コロナ禍で集まれず、模合金を集める役をしている飲食店従業員の女性は、「模合で集まるときは、当日取る人も一万円を持ってくるけど、今は、取りに来る人からわざわざ取らず、その分を差し引いて渡している。どっちみち一緒だから」と話した（六〇代・二〇二二年二月・那覇）。これはそれなりに大きな変化のようにも思える。

■模合と相性のいいLINEの活用

模合金だけを集める場合に問題となるのは、取る人をどうやって決めるのか、ということだ。取る順番があらかじめ決まっているグループもあるが、多くの親睦模合では集会中に話し合って決めている。しかし集会が出来なければ、そのような話し合いもできない。

そこで活躍したのが、SNSのアプリLINE(ライン)である。多くの方はご存じだろうが、「LINEグループ」を作成すれば、複数人と同時にメッセージのやりとりができる。今やほとんどの模合グループが、LINEグループを作っているのではないだろうか。その機能を使えば、「今月誰が取る?」「○○さんが来月結婚式への参列のため取りたいといっているが、良い?」といった相談が簡単に出来る。無料通話サービスもあるため以前から模合で利用されていたLINEだが、コロナ禍でますますその重要性が高まったといえる。

LINEがなかった時代は、幹事などが電話やショートメールでお店の場所などをメンバーに連絡していたが、今はLINEによる一斉連絡が可能になった。LINEのリマインダー機能を使って、集会の前日や三日前に通知するグループもある。また、コロナで集まることができない時期でも、LINEで互いの近況を伝え合ったグループも多い。LINEはコロナ禍の模合を支えた影の立役者であったといえる。

■模合を解散したグループ

コロナをきっかけに、模合を解散したというグループの話もあった。

那覇で事業をしている女性(六〇代)は、近隣の「まちぐゎー」の人たちとの模合を二五年ほど前から続けていた。しかし、「コロナをきっかけに」先々月(二〇二一年九月ごろ)に解散したという。「せっかく二五年も続いたのに、残念だった」と語る彼女に事情を聞くと、実はこのグループの解散はコロナのほかにも理由があった。もともと近隣の主婦が月に一度、歩いて集まることができる範囲で食事とおしゃべりを楽しむ会だった。しかし七人のメンバーのうち二名が郊外に家を建てて引っ越し、「ここまで来るのが大変」と言うようになった。加えて、メンバーの一人に認知症のような症状が出た。つまり、このグループの解散の原因はコロナ禍そのものではなく、それ以前から小さな危機があり、コロナ禍が最後の一押しをしたといえる(二〇二二年一一月・那覇)。

もう一つ私が聞いたのは、宮古島で旅行積み立てをしていた六〇代女性の同級生模合グループだ。コロナがはじまってから中断していたが、二〇二〇年一〇月に解散し、七年間続いた模合が終わった。それまで六名のメンバーは、毎月夜七時ごろから集まり、ときには夜中まで飲食とおしゃべりを楽しんでいた。積み立て模合で、コロナ禍以前からなかなかそろって旅行に行けないまま、三百万円(一人当たり五〇万円)が貯まっていた。しかし、コロナ禍がいつ終わるかわからず、旅行の見通しも立たないため、旅行に行く気が失せ、全員に返金して解散したという。

ただ、解散になったのはやはりコロナのせいだけでなく、孫の育児に忙しくなったメンバーが増えて集まりが悪くなり、メンバーが一人抜けて五人になってしまったことや、いつも利用していた飲食店が(コロナに関係なく)閉店してしまったことだという。つまりこのグループも、コロナだけでなくはなく、複数の理由が重なった解散であった。ただ彼女たちは、「みな地元にいるし、孫がもう少し大きくなって手がかからなくなったら、いつでも再開できると思っている」と話した。そして最近、元メンバーで久しぶりに集まろうとランチの約束をしたという(二〇二三年三月・宮古島)。

コロナ禍で失われたもの

■コロナ以降、模合は変わったのか

「親睦・集まりの文化」として発展してきた模合は、コロナ禍で危機に瀕したことになる。しかし模合グループの多くはコロナ禍でも解散せず、お金の受け渡しだけを続けたり、中断して再開を待ったりしている（していた）。多くのグループが解散していないという事実に、沖縄の基層文化である模合のしぶとさ（レジリエンス）をみることができる。また現在（二〇二三年三月）は、少しずつ模合で集まるようになっている。久しぶりに模合仲間と集まったグループは、その喜びもひとしおに違いない。改めて、「模合があってよかった」と、模合の良さを再認識したのではないだろうか。

一方、コロナで失われたものもある。確かに、思ったほどコロナ禍で解散するグループは少ない。しかしこれまで紹介したように、コロナをきっかけに長年抜けたかった模合をやめたり、模合の数を減らした（整理した）人たちがかなりいたと思われる。コロナ禍で模合の数を増やした人は少ないだろうから、ひとグループのメンバー数は、全体に減っているかもしれない。

また、気持ちが途切れる人もいるようだ。たとえば、徐々に集まりを再開するグループも増えてきた二〇二二年一一月、あるタクシー運転手さんは、中断している模合について次のように語った。「自分が幹事だから自分が声をかければいつでも再開できるんだけど、なんとなく億劫になっ

ちゃって、そのままにしている」（男性・二〇二三年三月・那覇）。ほかにも、すでに再開できる環境にはあるが、「なんとなく面倒になってしまった」「集まらないのに慣れてしまった」という声は複数聞いた。いつでも再開できるからと先延ばしにしているうちに、再開の機運を逸するグループも出てくるかもしれない。やはり、多少無理をしてでも毎月継続してこその模合なのだろう。また、再開しても、集まりが以前ほどではないグループもあるという。たとえば、ある五〇代の同級生模合は男女混合でやっているが、再開後、とくに女性は子どもに「お母さん、模合に行くな」「模合に行ってコロナ持ち帰らないでよ」と言われ、出にくくなった人が多いという（二〇二三年三月・那覇）。このように、家族の状況などによって、コロナ禍前に戻るには時間がかかるようだ。

さらにいえば、コロナ禍の間、新しい模合は作られなかった。別れがきっかけで模合が始まることは多いと述べたが、自粛中はきっかけ（別れ）があっても模合を始めることは難しかった。そして、別れのきっかけは二度と戻ってこない。また、同窓会をきっかけに始まる同級生模合も多いが、コロナ禍では同窓会が開かれなくなっていた。このように、コロナ禍がなければ生まれたかもしれない新たな模合グループは、生まれる前に失われてしまったのである。

現在、コロナに関係なく、とくに若い人に模合離れの傾向があるといわれる。新しいグループの結成がコロナによって難しくなった状況は、若者の模合離れを加速させたかもしれない。次の章で、若者と模合の関係について考えてみよう。

一二章　模合の未来と沖縄の若者

「沖縄ではみんな模合をやっていますよ。やっていない人はよほど人付き合いの悪い人。逆にたくさんやっている人は、大変人付き合いの良い人。信用のある人、ということになる」

（那覇で飲食店経営をし、四つの模合に入っている八〇代女性・二〇一二年三月）

この八〇代女性の言葉のように、古い世代は、模合はやって当たり前、と考えていた人が多いのではないだろうか。大人になれば、気の合う仲間と模合を始めたり、誘われたら参加したりする。そうして、長く続く模合仲間をつくっていく。模合に誘われるのは、社会的、人間的に信用がある証だ。だからこそ、模合をいくつかやっているのが、沖縄の成人のあるべき姿だったのかもしれない。

しかし、現代の沖縄社会は、変化のときを迎えているように感じる。とくに若い人の模合に対する価値観が変わり始めているようだ。この章では、若者と模合の関係、また、模合と距離をおく人たちについて、その理由や考えについて紹介したい。

若者の模合ばなれ

■年々、若者は「模合ばなれ」していた

ここに気になるアンケート結果がある。沖縄県がコロナ前の二〇一八(平成三〇)年におこなった「第一〇回県民意識調査」[21]である。質問のなかに、「あなたは各種のイベントや催し物(エイサー、盆踊り等)、会合(親睦モアイなど)等に参加している方ですか」という項目がある。結果は、「ほとんど参加していない方だと思う」が三四・一%と最も高く、「どちらかと言えば参加していない方だと思う」(二六・四%)と合わせると六〇・五%となる。「積極的に参加している方だと思う」がもっとも少なく九・三%で一〇人に一人程度で、「どちらかと言えば参加している方だと思う」が三〇・二%となっている(沖縄県企画部 二〇一九:一二)。

地域ごとにみると、「積極的に参加している方だと思う」の割合は、沖縄本島の「南部」が一三・六%と最も高くなっており、ほかにも北部、宮古島で五割近くが「積極的」、あるいは「どちらかと言えば」参加していると回答している。逆に那覇市の人は、「ほとんど参加していない方だと思う」の割合が四二・二%と最も高い(沖縄県企画部 二〇一九:六二)。

年代別にみると、七〇代以上(七五歳未満がアンケート対象者)が「積極的に参加している方だと思う」の割合で最も高く一五・八%、三〇代以上がその次で一二・四%、ほかの世代は平均(九・三%)

21　二〇一八(平成三〇)年七月～九月にかけて、沖縄県に居住する満一五歳以上満七五歳未満の男女に調査(有効回収率六八・七%・一三七四人)。

以下である。逆に「ほとんど参加していない方だと思う」の割合が四八・九％で最も高いのは一〇代、二番目に高い四五・一％は二〇代となっている。つまり若い世代ほど、ほとんど参加していないということになる（沖縄県企画部 二〇一九：六二）。

さらに、コロナ禍真っ盛りの二〇二一（令和三）年度に実施された第一一回の結果もみてみよう[22]。同じ項目で、「ほとんど参加していない方だと思う」の割合が最も高く、三九％と前回より約五％高くなり、「どちらかと言えば参加していない方だと思う」は二六・五％とほとんど変わらなかったが、合わせると六〇・五％から六五・五％へと増加している。「積極的に参加している方だと思う」が前回の九・三％からさらに下がって七・二％へ、「どちらかと言えば参加している方だと思う」が三〇・二％から二七％と、こちらも三％近く下がっている。これらの数字をコロナのせいにすることはできるが、二〇一二（平成二四）年から今回までの結果をみると、「参加している」という回答は年々減っており、コロナ禍で加速したに過ぎないようだ（沖縄県企画部 二〇二三：八五）。

ただし、やはり地域によって差はある。今回「積極的に参加している方だと思う」と「どちらかと言えば参加している方だと思う」を合わせて四割を超えたのは、八重山、北部、宮古の順である。前回高かった南部は今回、三七・九％と四割を超えなかった。「ほとんど参加していない方だと思う」の割合は、那覇市が最も高く四七・一％でいよいよ五割を超える勢いだ（沖縄企画部 二〇二三：

22　二〇二一（令和三）年八月〜九月にかけて、沖縄県に居住する満一五歳以上満七五歳未満の男女に調査（有効回収率六八・四％・二七三六人）。

八五)。

年代別にみると、「積極的に参加している方だと思う」の割合は、やはり七〇代以上がもっとも高く九・五%と数字も変わらない。「ほとんど参加していない方だと思う」の割合はやはり若者が高く、一〇代で五一・六%、二〇代で四四・四%で三〇代で四四・一%と続いている(沖縄県企画部二〇二二:八五)。

このように全体として、那覇などの都会になるほど、そして若くなればなるほど、模合などのイベントに参加しなくなっており、その割合が年々高まっている。若者の参加が減っているのは問題だ。というのも、模合にせよエイサーにせよ、ある文化が維持されるためには、次世代の担い手が必要だからだ。つまり、若い世代が新たに模合を立ち上げ、模合に参加したりすることが必要なのだ。それには、何が必要なのだろうか。ひとつのポイントは、子ども時代にどのように模合と関わっていたかである。

子ども時代に模合に親しむ

■子ども時代の模合経験が分かれ目になる?

ある中年女性は、小さい頃、よく母の模合についていったという。人びとはそのころ、ユーレー、ユレーグワーと呼んでいた。今みたいに居酒屋などがなかったため、メンバーの自宅で模合がおこなわれていた。彼女は、模合に行くと食べ物やお菓子がもらえたため、模合が楽しみだった。

そして彼女は今、同級生模合と経営者の模合の二つをしている。「模合は助け合い。友人が、お金が必要だから模合を起こしてって言ったら、じゃあ五〇〇〇円、一万円だったらいいよって模合にする。そして最初にその人に一〇万円を渡せばね。一〇万円だって銀行からはそう簡単には借りられないでしょ。だから模合は助け合い」（二〇一二年三月・那覇）。このように、彼女は子どもの頃、親を通じて模合になじみ、自身が大人になっても、模合をすることにハードルがなかったのだと思われる。

同級生模合、異業種模合、空手関係の模合と三つの模合に参加している四〇代のMさんは、自分の中学生の娘さんが、大人になって模合をするのを楽しみにしていると話す。娘は毎年、Mさんの異業種模合グループが主催するビーチパーティーに参加して楽しんでいる。プロの料理人のメンバーがすべてをアレンジし、安い値段でおいしい食べ物や飲み物を準備してくれ、ミュージシャンがゲストに来ることもある。彼女はこうして父親を通じて模合になじみ、「早く私も模合がやりたい」と言っているという（二〇一二年八月・那覇）。

飲食店勤務の二〇代男性Fさんは、小学生のころから父親に模合に連れていかれ、父親から、「寿司食わせてやるから、帰りたいって言えよ」と頼まれていたという。当時は何もわからず、うまいものを食べられるからと、喜んで模合についていっていた。幼い頃の「模合英才教育」が効いたのか、二七歳のFさん自身も現在、同級生模合と、飲食店で働く若者たちとの二つの模合に参加している。Fさんの模合にも、子連れで来て、「ごめんね、子どもがぐずるから」と一時間以内に帰っていくメンバーがいるという。また妻が夫を早く帰らせるため、あるいは別の店にまで行かせないために、夫に「子どもを模合に連れていけ」ということがあるという。子どもがいたら二次会にも行けず、早く帰ることになるからだ。「つまり子どもはダシ。子ども連れで模合に来る人は、早く家に帰りたい人だ。ただ、子どもを連れてきている男性が、自分の意志か、妻の意志か、それが問題だ(笑)」(二〇一二年三月・那覇)。ダシに使われていたとはいえ、Fさんは結果的に、幼少期から模合文化になじんだのである。

早く帰るためであれなんであれ、子どもを模合に連れていくことは、模合の次世代の担い手を教育していることになる。しかしもちろん、そうならないケースもある。

宮古島に暮らす三〇代の女性は、小さい頃から自分の親が模合をしているのをみてきた。母親の友人模合に一緒に行き、おいしいものを食べて帰ってきた経験もある。しかし、彼女はこれまで模合をしたこともなく、これからも「自分のポリシーとして模合をするつもりはない」という。その理由は、「模合の人間関係がややこしそうだし、同じ話をループしているだけに思えるから」だという(二〇一七年七月・宮古島)。彼女は模合座を観察し、実情を知ったうえで、やらないと決めたのだろう。

■「ぼくらの世代」の模合とは

子ども時代の経験は定かではないが、模合を積極的にしている若者もいる。

三一歳のKさんは、宜野湾出身の美容師である。那覇の専門学校へ行き、そのまま横浜で美容師の仕事をしていたが、二七歳で沖縄にUターンして、現在は那覇で美容師をしている。彼は二つの模合をしている。一つは、那覇の専門学校仲間と男女一一人の一万円模合である。専門学校時代の友人であり、みな美容師になっているので、一種の同業者模合でもあり、貴重な情報交換の場となっている。もう一つは、宜野湾の同級生七人との一万円模合である。少し前から旅行のために五〇〇〇円を積み立てているが、みな忙しくてなかなか日程が合わず、まだ一度も旅行はできていない。積み立てが一〇万円に達しても旅行に行けなければ返金する予定だが、なるべく返金はしたくないという。また、同級生模合では一二月に忘年会、夏にはビーチパーティーをしている。

Kさんに「若い人にとって模合とは何ですか？」と尋ねたところ、次のような答えが返ってきた。「ぼくらの世代は、模合はただの飲み会です。なくならないと思いますよ。ぼくらの世代も模合を二つ三つやっている。うちの職場の一番若い二五歳の女の子も、模合を地元でやっていますよ。ただ、ツイッターやフェイスブックでいつでもつながれるという若者は、だんだんやらなくなるかもしれません」（二〇一六年八月・那覇）。

■はじめての模合

もう一人紹介しよう。二〇代女性のSさんは中部出身で、那覇で整体師をしている。そこのオーナーとともに異業種模合に参加している最年少のメンバーで、唯一の女性だ。彼女は自分も将来は実業家になりたいとの夢をもち、多くの男性メンバーのなかでも堂々と振舞っていた。彼女は同級生との模合も始めている。彼女は小さいころから、自分の模合をするということにあこがれていたという。「はじめて自分で、模合のために居酒屋を予約したときは、テンションあがりました！」と笑う（二〇一二年・那覇）。また、Sさんの中部にいる友人は、「飲み会は不健康」といって、土日にバトミントンなどスポーツをして解散する「スポーツ模合」をしているという。もちろんお金は集めるが、飲み会はないという（二〇一四年七月・那覇）。

■ヤンキー・コミュニティと模合

また、やんちゃな若者たち、いわゆる「ヤンキー」も、模合の担い手である。ヤンキーが地元の伝統をうけつぐ話は全国にあるが、沖縄のヤンキーも例に漏れない。この話をしてくれたのは、少年補導職員として長年、非行少年・少女やその保護者と向き合い、現在は独立し出前授業や講演活動などをしている山田照子氏である。

高校に進学しなかった沖縄のヤンキーの子たちは、中学卒業後、男子は建築関係の職に就き、女子は居酒屋や飲み屋で働く子が多いという。中学卒業後に新しいコミュニティの開拓ができなかった子どもたちの人間関係は中学校で止まる。就職先でも似たような境遇の先輩と関わることで、彼らは地元の「ヤンキー・コミュニティ」を生き、「ヤンキー文化」を継承していくことになる。そのなかの一つが模合で、そのきっかけは成人式だという。

沖縄県は荒れる成人式で全国でも有名だが、現在は以前ほど荒れなくなっている。成人式が中学校単位で集まることになり、一つの中学校に在籍するヤンキーの数が減少傾向にあるからだという。しかし、ヤンキーの人数が減ったとしても、彼らにとって成人式は大切な晴れ舞台である。

成人式で着る派手な羽織・袴、ヘアセットだけでも、その費用は一〇万円を下らない。加えて、装飾したオープンカー・改造車の製作、中学校の幟や横断幕の準備などに数一〇万円はかかるという。そこで彼らは、中学卒業後から成人式までの五年間で、同級生のヤンキー仲間とその費用をコツコツ貯める。成人式というたった一日のために、年月をかけて貯蓄するのである。一〇代の若者一人でそのような大金を貯めるのは難しく、みなで模合のように貯蓄をするようだ。そしてめでたく晴れ舞台を終えた後は、そのままふつうの模合へ移行していくという。

ただし前述のYさんは、このような模合には弊害もあるという。模合で定期的に会うことによって、ヤンキーの規範・仲間意識が互いに強化され、また子連れのバーベキューや誕生会を頻繁におこなうことにより、ヤンキー文化が次世代までブレずに再生産されることになるからだ。狭いコミュニティは広がらないため深くなっていくしかなく、負の連鎖も深まっていくという（二〇二三年三月・糸満）。模合文化だけでなく、模合をとおしてヤンキー文化も次世代継承されるというわけである。

若者と模合の距離感

■模合はおじいちゃん、おばあちゃんがするもの？

先述のように、模合に積極的に参加する若者もいるにはいるが、最初のアンケートのとおり、若い人と模合の距離は広がっているのではないだろうか。多くの模合をしている五〇代男性は、

「沖縄では模合は重要だ」と語る一方で、三〇代の娘や息子の模合については、「たぶんやっていないと思う」と答えた（二〇二二年九月・那覇）。私が那覇市内のカフェで声をかけた女子高校生二人は、「模合を知っている？」という私の問いに、「知っている」と答えてくれたが、彼女たちの模合のイメージは、「おじいちゃん、おばあちゃんがやるもの」だそうだ。実際彼女たちの両親（四〇代くらい？）は模合をしておらず、唯一、「おばあちゃんだけがやっている」とのことだった（二〇二二年九月・那覇）。

二〇代の美容師さん（うるま市在住）も、「自分たち若い世代は、模合をよく知らないと思う」と話した。「私も小さい頃、母に連れられてよく模合に行きましたが、ただの飲み会、食事会だと思っていました。最近ようやく模合が何か、わかったんです」と笑う。彼女は、うるま市から、勤務先の那覇の美容院に一時間以上かけて通っている。「うるまの同級生模合にさそわれていますが、時間がないんです。土日も仕事だし、夜もすごく遅くなるし。模合は翌日にひびきますから」と、まだ模合をしたことがない（二〇一五年八月・那覇）。彼女のように、模合文化のなかで育っても、模合をする時間がない若者もいるのだろう。

那覇在住の自営業の三〇代女性は、その職業柄、模合を三つおこなっている。彼女に若者と模合の関係についてたずねると、次のように語った。「若い人の感覚では、定期的に会うのがしんどい。旅行模合も、そこまでの関係は近過ぎると思う。でも、切磋琢磨できる仲間づくりや、企業家、経営者の模合は理にかなっていると思う」。そして彼女の七つ下の妹については、「模合という言葉すら知らないと思う」と話す（二〇二二年五月・那覇）。

■模合というしがらみ

三〇代のとき模合をやめたと話す那覇の四〇代女性は、「この（模合の）しがらみをなんとかしたい」と思い、友人との模合をやめたという。理由は、毎月集まることがきつかったからだ。そのため、「二か月か三か月に一回にしないかと言ってみたが、却下されたからやめた」そうだ（二〇一四年七月・那覇）。

模合で「絆」ができるといえば聞こえはいいが、人によっては「しがらみ」にもなる。これら三〇代（四〇代）の若者たちが、若者を代表しているわけではないが、彼らは、近すぎる人間関係や時間的拘束を避けているように思える。小さなエステを経営する宮古島の三〇代女性も、「私は模合はやらない。夫にもやらせない。貯金は自分でしろと言っている。大勢で集まるのが嫌い。三、四人ならいいんだけど。やる意義が見いだせない」と話す（二〇二二年四月・宮古島）。

ある「復帰っ子」（一九七二年生まれ）の女性議員は言う。「自分も含め、私の友達は誰も模合をしていない。私たちの年齢くらいから、だんだん模合をやらなくなっているのではないか」（二〇二二年一一月）。復帰後の沖縄しか知らない世代が、二〇二二年に五〇歳になった。この五〇年は、何かの区切りなのかもしれない。

私自身はこれを書いている現在五〇代半ばだが、二〇一一年に模合の調査を始めたのは四〇代前半だった。当時の四〇代は、かなりの割合で模合をしていた。その時から一二年がたち、確かに今の四〇代は、一〇年前の四〇代ほど模合をしていない気がする。那覇の自営業の六〇代女性も、「いま、模合をやっているのは五〇代以上じゃない？」と話す（二〇二二年一一月・那覇）。五〇代と四〇代では、なんらかの断絶があるのかもしれない。

■そもそも飲み会をしなくなったZ世代

模合をやっている六〇代に、自身の子ども（おそらく二〇〜三〇代）が模合をしているかどうかを聞くと、「やってない」と答える人が多い。たとえば、自身は若い頃から多くの模合をしてきたという五〇代男性は、三〇歳の息子について、自分たちの世代とは「文化が違う」と語る。息子の世代は自分たちと違い、「模合もやらんし、飲みに行っても最後の一円まで割り勘にする」（二〇二三年五月・那覇）。そもそも若者は、昔の若者ほど酒を飲まないし、飲みにもいかない、という話も聞く。四〇代の男性は言う。「今の若い子は模合をやらない。というより、そもそもぼくらみたいに飲みに行かない」（二〇二二年五月・那覇）。

ただし、アンケートにもあったように、地域や職業によっても差があるようだ。糸満市K地域においては、「若い人は車を買うために模合をする」（二〇一三年八月・糸満）という話も聞いたし、同じ地区の農家の男性（七〇代）は、同じく農業をしている四〇歳の息子が、同級生模合、班模合（地域模合）、農家の模合など四つに参加していると話していた。同じくK地域の六〇代の男性も、一緒に暮らす次男（二四歳）が同級生模合を一〇名くらいでやっているとのことだった（二〇二二年一一月・糸満）。

また趣味によっても違いがあるのか、石垣島の飲食店で働く三〇代男性は、自身は忙しくて模合をやる余裕がないが、「バスケやバレーなどスポーツをやっている人は模合をやっているようだ」と話す（二〇二二年六月・石垣島）。

■模合をする余裕のない社会

若者が模合をしない原因としては、「スマホの影響があるのでは」と語る人は多い。スマホ一つあれば、日々誰かとつながることができる。若者たちは、いつもオンラインでつながっている友達と、わざわざ会う必要を感じないのかもしれない。豊見城の同級生模合の場で、六〇代男性は、自分の子どもの模合について語った。「子どもたち（三〇代）は模合をやっているのかなあ。たぶんやっていないと思う。ＬＩＮＥがあるからね。でも自分としては、同級生と会わなくてよいのか？って思うよ」（二〇二二年九月）。

もう一つ気になるのは、沖縄の若者から、経済的・時間的余裕が失われているかもしれないことだ。模合に参加するには、経済的・時間的に、ある程度の余裕が必要だ。月に五〇〇〇円〜一万円（＋飲食代）をねん出する余裕のない若者もいるだろう。子育てしながら働いている若い世帯はなおさらだ。さらに、コロナ禍で沖縄の経済は大きな打撃をうけた。

近年では、沖縄の若者の過酷な状況を詳細に描いた研究がある（上間 二〇一七、打越 二〇一九など）。彼らは地元の共同体やユイマールといった恩恵を受ける機会はなく、むしろ地元の人間関係は足かせになってしまうという（上間 二〇二〇、打越 二〇二〇）。安定した収入をもたず、生活も安定しない若者にとって、模合文化とは隔たりがあるのだろう。

もし、社会的・経済的困難から若者が模合に参加できないとすれば、彼らは模合で出会えたはずの人間関係を持てなくなる。アドバイスや情報をくれ、人や組織を新たに紹介してくれる模合仲間を持てないことは、彼らの未来にとって、大きな損失ではないだろうか（もちろん、一般論として、スマホで多くの人と知り合える今の若者のほうが、幅広く仲間を持っている可能性もあるが）。

模合文化がこれからも維持されるためには、若者たちが「模合をやりたい」と思ったときに、社会が彼らに模合に参加する余裕を与えられるかがポイントであろう。

模合から距離をおく人たち

■「お金を渡すのに抵抗がある」　内地出身者と模合その①

模合から距離をおくのは、若者だけではない。すでにたくさんのタクシー運転手さんの発言を引用しているように、私は沖縄でタクシーに乗るとき、模合について話を聞かせてもらっている。多くの運転手さんは模合をしているため、たいてい話は盛り上がる。しかしときどき「模合？時間の無駄だと思う」「貯金したいなら、自分で貯めればよい」という答えが返ってきてびっくりすることがある。そういう人はたいてい、内地出身の運転手さんだ。模合を貯金ととらえると、「なぜ貯金をするのに、こんなに時間や飲食代がかかるのか」という思考になってしまいがちだ。

たとえば四〇代のタクシー運転手さんは大阪出身で、三重県で出会った沖縄出身の女性と結婚し、一緒に沖縄に移住した。模合も一度はやってみたが、自分には合わなかったという。「自分は一匹狼。空手、柔道をやってきたから、一対一が好き。夜に働いているから、模合に行くのもしんどい。休みがつぶれる。かといって、お金だけ預けるのも悪い。だから、自分で貯金するのがええと思う」と話した(二〇一一年八月・那覇)。また、沖縄に移住二〇年の六〇代男性も、「模合はやったことあるけど、やめた。めんどくさい」(二〇二三年三月・那覇)。

また、お金をやりとりすること自体に忌避感がある内地の人もいる。宮古島に移住して二〇年近くになる四〇代の女性は、「ムヤイは意味がわからない。それだけはどうしても乗り越えられない。逃げられたという話も聞くし」と話す(二〇一六年八月・宮古島)。二〇代で内地から移住してきた看護師の女性も、病院の同僚に模合に参加しないかと誘われたが、断ったという。「友達にお金を渡すっていうのに抵抗がある。いつか自分に返ってくるとわかっていても」(二〇一二年二月・那覇)。

■「すごくいい、助かる」内地出身者と模合その②

馴染めない人がいる一方で、楽しく模合ライフを送る「ナイチャー」もいる。宮古島の人と結婚し宮古島に長年暮らしている四〇代女性は、子育てをしながら地元の伝統文化にも熱心に参画している。彼女は二つの模合に参加して楽しんでいる。「私は模合ってすごくいいと思う。今月もらうことになっている。助かる〜！」(二〇一六年八月・宮古島)。

また、宮古島に移住して二一年という男性も、移住当時から趣味の仲間と五〇〇〇円の模合を二〇名で続けてきた。「メンバーには、お医者さんや学校の先生や、いろいろな人がいる。人脈が広がった」と喜ぶ。妻が模合メンバーから宮古島の料理を習ったり、自身が宮古流の「子どもの小学校入学祝い」をしたときにも、人を大勢迎えるのに必要だったたくさんのお皿やテーブルなどをメンバーが貸してくれ、お祝いにももちろん駆けつけてくれたという（二〇一三年三月・宮古島）。

■「飲み会をしたくない」　模合をしない理由その①

こうして、内地出身者でも模合を楽しむ人はいる。一方、内地出身でなくとも、さまざまな理由で模合から距離をおく人もいる。

那覇市の職員をしている石垣島出身の四〇代男性は、「自分は模合をしたことがない」と話す。その理由は、「自分の性格によるもの。二〇代の頃はすごく飲み会が多かった。だからわざわざまた模合での飲み会を増やしたくなかった」（二〇一五年二月・那覇）。

また、伊良部島出身のタクシー運転手の男性は、小学生のときに父親が酒を飲んで暴れるのを見て、一生酒を飲まないと決めた。「飲もうと思えば飲めると思うが、絶対に飲まない。だから模合もしない。模合につきものの宮古島のオトーリもしたことがない」と話す（二〇一七年三月・那覇）。

酒が飲めない男性は、夜の模合に参加しにくい。とくに宮古島の男性の模合ではオトーリという泡盛の飲み方と模合がセットになっていることが多く、飲まない（飲めない）人は、模合に参加しにくい。ただし、模合グループによっては、飲めないメンバーに配慮してくれるという話もあった。ある六〇代男性は言う。「友達がガンになって酒が飲めなくなり、家に引きこもってしまったので、その人を模合に誘って、カラオケにだけ参加してもらっている」（二〇一五年二月・那覇）。

■「忙しくなって」　模合をしない理由その②

忙しさにより、模合から遠ざかる例もある。宮古島在住の四〇代女性は、沖縄本島に暮らしていた時には模合をしていたが、宮古島に戻ってきてからはしていないという。帰ってきて模合に誘われたが、その日時に合わなかったり、子どもをみてくれる環境になかったりで断っているうちに、誘われなくなった。積極的にやらなかったわけではないが、そのまま今にいたるという（二〇一七年七月・宮古島）。

すでに述べたように、子育てや孫育て、介護中で休んでいる、と言う人も多い。子育て中でも模合だからこそ、子どもを預けて堂々と家を出てリフレッシュできたと語る人もいるし、実際、子連れで集まる模合グループもある。しかし、結婚し子育てなどが忙しくなり模合から遠ざかる女性は一定数いる。子どもの手が離れると復帰する人は多い。ただ、人によってはそのまま復帰しないこともあるのだろう。

■「模合文化」はいずれ消えるのか？

ここまでをまとめると、模合をする・しないは、個人的な経験や価値観、育った家庭環境、家族や仕事の状況、経済状況などが複雑に絡み合っている。若者でも模合をする人は当然いるが、模合を自分とは縁遠いもの、とくにやりたくない、と考える若者はやはり増えているように思う。

五〇代～六〇代の親世代は模合をしているのに、二〇代～三〇代の子ども世代はしていないというのは、世代継承が起こっていないということだ。

先述のとおり、模合に毎月参加することはある程度のお金も時間もかかる。しかし、模合に参加するなかで、模合でしか培われない「模合仲間」が得られる。コロナ禍で気づいたように、人と人との対面的なつながりは、スマホで埋め合わせることはできない。忙しさのなかで人とつながる仕組みとしての親睦模合は、沖縄社会が発明して育ててきた文化であり、知恵であり、財産である。長い歴史をもつ模合が、沖縄でもいずれ消えてしまうとすれば寂しく、残念だ。

模合を長く休んでいた人が、思いたって再び始めるように、模合グループにも波があると五〇代の男性は語る。

「始めはみんなやる気に満ちていても、だんだん休む人が増えたり、やめる人が出たりで、グループに勢いがなくなる。でもまた何かのきっかけで盛り上がったりする。模合もアップダウンがあるんですよ」（二〇二三年八月・那覇）。

そうであれば、模合文化も同じかもしれない。今は下降気味であったとしても、これからもまた模合という文化が盛り上がる可能性はある。今、模合をしてない若者も何年かすれば、「そろそろ模合をやってみるか」と思う日が来ないとも限らない。模合の未来は、そんな若者たちにかかっている。

終章　模合とは、人と何かを「合わせること」

ここまで、沖縄の人が知っているようで知らない(?)「模合」をめぐる、現在、過去、そして未来について、これまでの研究とフィールドワークから述べてきた。

最後に改めて、模合とはなんなのかを考えてみたい。

■模合金を受け取るときになぜ「ありがとう」と言うのか

模合の調査を宮古島で始めたばかりのころ、ある集まりで、私は少しナイーブな質問をした。「なぜ、模合を取るときにありがとうございます、と言うのですか。結局は自分のお金でしょう。最後に取る人はとくに、全額自分のお金ではないですか」

するとその場にいた人びとは、アホな質問をした私に説明をしてくれた。

「助け合いなんだから、ありがたいのは当たり前だ」「あんたは模合の意味をわからんといかん(わかっていない)」「みんな同じ金額を出して、返ってくるのだから一緒。みんな平等だから」など。

そして、ある三〇代男性はこう私を諭した。「みなさまからいただいた貴重なお金を有意義に使わせていただきます、という気持ちがあるんだよ」(二〇一二年一二月)。

同級生模合は楽しく(浦添)

模合座に集まるメンバーは全員、模合金という現金を出す。前にも書いたように、模合はふつう、取る人があらかじめ決まっている場合でも、取る本人も当日模合金を出す。同じお札がすぐまた自分の財布に戻るとしても、である。それは、メンバーのお金と自分のお金を一度「合わせる」ことが重要だからだ。

メンバー個々の財布から出てきた現金は、「模合金」としてほかのメンバーの現金と合わさる。そしてその瞬間、その現金は誰々さんという個人所有のお金ではなく、模合グループの「みんなのお金」になる。そして受領者は、「みんなのお金」として模合のお金を受け取る。この模合の仕組みは、カメルーンでもどこでもおそらく同じである(野元 二〇〇四、二〇〇五)。模合でメンバーのお金と「合わせる」ことで、お金が個人のものからみんなのものに変わるのだ。そのみんなのお金は、個々人が努力して稼いだお金がひとつにまとまったものだ。だから模合で受け取るお金は、「ありがたい」「ギフト」と感じるのである。

■模合の神髄は「合わせること」

また私は、同じく沖縄で模合を調べ始めた当初、模合といいながら、積み立て模合が多いことに戸惑った。なぜ積み立てが「模合」と呼ばれているのだろう。この頃の私は、模合とはお金を集めて一人ひとりに順番に渡していく仕組みと考えていた。

しかし模合の真髄は、お金を合わせることにあった。米でも労働でも、全員がなにかを持ち寄り「合わせること」、それが模合であった。積み立て模合もまた、毎月決まった現金をみんなから集め、「みんなのお金」として積み立てているのだから、正真正銘の模合である。くわえて旅行模合になると、みんなのお金の使い道まで「合わせる」努力がなされている。「誰一人もれなく」一緒に旅行に行くために、みんなの都合が「合う」まで待ち、みんなで旅立ち、みんなで遊ぶ（消費する）。旅行模合はその意味で、もっとも模合らしい模合なのかもしれない。

そもそも模合自体、毎月みなが都合を「合わせて」集まる営みである。合わせるのは現金だけでなく、時間と場所も「合わせる」のだ。そしてメンバーはともに飲食し、交流する。

模合とは何ですかと聞いて、いろいろな答えがあったが、印象に残っている八〇代女性の言葉がある。「あなたユイマールってわかる？　ユイの心が大事なの。心が合う人たちが大事」（二〇一一年八月）。そう、模合においてもっとも大事なことは、模合仲間と助け合い、心を合わせようとすることなのである

結局、元に戻るようだが、歴史編でも述べたように、そもそも模合というのは、共同で何かをすることであった。つまり何よりも、模合は共同すること、みなで力を合わせることなのである。現在は、みなの努力は現金に集約されるためお金を集めているともいえる。しかし長い歴史のなかでは、人びとはいろいろなものを合わせて生きてきた。模合は、ものを「合わせる」シンプルな

仕組みとして人びとに用いられ、発展してきたのだ。

では、人びとが模合でいろいろなものを合わせてきたのはなぜだろう。それはおそらく模合が、みなで一緒に豊かになろう、良くなろうとするための仕組みだからである。詐欺的な模合はのぞき、模合ではふつう、個人の利益だけを追求する人はいない。模合に参加することは、模合仲間との「共存共栄」を目指すことである。一緒に豊かになろうとするための助け合いが模合であり、そのために人はつねに何かを合わせてきたのである。

■なぜ沖縄が模合の「約束の地」なのか

最後に、全国でなぜ「沖縄だけ」模合がこれほど活発なのか、という問いが残る。模合をする人は確かに減っているのかもしれないが、やはり全国的にみれば、沖縄は模合(頼母子講・無尽講)がもっとも活発な県であることには違いない。

「なぜ沖縄だけ模合が活発なのか」。この直球の質問を、調査当初はあちこちで聞いてみた。「沖縄は人間関係が違うからね」、ときには「だって沖縄は日本じゃないから」と言われたこともある。「沖縄は違うから」というのは、これまでの沖縄特有の社会・経済構造などから模合が論じられてきたことと重なる。また、沖縄のおかれた歴史的特殊性や経済・社会環境の厳しさから、模合や助け合いをするしかなかった、というのはよく言われてきたことだ。ただそれでも、答えが出たような気がしない。

「なぜ」という問いは難しいので、「どのように」という問いにしたほうがいい、という人もいる。

実際私は、「どのように」沖縄で模合がおこなわれてきたのか、そして現在もおこなわれているのかについてここまで書いてきた。「どのように」の内容から、「なぜ」につながるヒントなら、見つかるかもしれない。

歴史のなかに模合を位置づけてみると、模合が、人びとの生活の足りないところを補ってきたことに気づく。琉球王国時代の模合は、人びとが生き延びるために、さらによりよく生きるために、相互扶助の役割を担っていた。明治中期以降は、人びとは仲間とともに模合を組織し、生活を安定させたり向上させたりしていた。沖縄では金融機関の発達が遅れたこともあって、人びとは金融機能を強化した高額の模合や入札模合を活発に組織するようになった。一方で、扶助模合も存在し続け、庶民の生活を支え続けた。また世界へ移住したウチナーンチュたちも、移住先で扶助模合をして新生活を作り上げていった。

沖縄戦で、生活のハード部分を根こそぎ奪われた戦後の沖縄社会は、そこから立ち上がるために、奪われなかったソフトな部分(模合文化)を使って生活を立て直した。そして、生活が少しずつ安定すると、親睦模合が増えていった。それはおそらく、戦前まであった共同体が無くなったり変化したりし、那覇都市圏への人口集中が進み、人間関係が流動化していったことと無縁ではないだろう(鈴木一九八六、川添・安藤二〇一二、岸二〇二〇)。また社会が豊かになってくると、村落部でも助け合うことなしに生活ができるようになる。そうなると、人間関係を密につなぐものはない。よって都市部以外でも、親睦模合が組織されていったのだろう。

■沖縄社会のスキマを手当してきた模合

助け合いも、金融も、親睦も、人間の生活には欠かせない。模合が持っているそれら三つの要素を活用し、足りないところを補ってきたのが沖縄社会であるといえる。もっといえば、沖縄で模合が活発だったのは、社会の足りない部分やスキマに気づいた人たちが、模合という仕組みをつかって手当してきたためだといえる。これが暫定的な、「なぜ」の答えになるだろうか。

沖縄社会が模合を手放しつつあるとすれば、それはもう、社会に手当てすべき欠落やスキマがないからだろうか。それとも、現在沖縄が抱えるさまざまな欠落やスキマ、つまり困難や諸問題は、もはや模合の手には負えなくなったのだろうか。そして、模合がそもそも持っている「みんなで良くなろう」という共存共栄志向は、だんだんと社会に居場所がなくなっているのだろうか。

結局のところ、「なぜ沖縄だけが？」という問いは、模合だけでなく沖縄社会を深く理解した人にしか解けない問いであり、私には沖縄社会の理解が圧倒的に足りないと痛感している。ここまで模合について読んでくださった沖縄のみなさんにも、この問いの続きを考えてもらい、できればこれからも模合の居場所を社会につくっておいてほしい。

いくつもの模合の場に立ち会って、そこで交わされていた人々の笑顔を思い出すたびに、私はやはり模合のない沖縄の姿を想像することができないのである。

あとがき　これからも新しい模合に出会いたい

ここまで私が見た、聞いた模合について記してきた。模合経験も沖縄社会への理解も浅い自分が模合の本を書くのは、正直いうと勇気がいった。しかし、沖縄に通い続けて一〇年以上になり、多くの協力してくださった皆さんに何も恩返しできていないのが心苦しかった。沖縄で学ばせていただいたことを少しお返しできればという気持ちで、本書を執筆した。

そして二〇二二年五月、「私が見た模合」について本にしたいと、本書の編集者である新城和博さんにお願いをした。新城さんは、「僕はほぼほぼ模合をしてこなかった」「友達がいないから同級生模合に誘われたことがない」などと冗談めかして、ご自分と模合との距離を伝えながらも、「模合本」の出版に興味をもってくださった。実際には新城さんこそ、ユニークな「本もあい」をされている。「本もあい」はその名のとおり、模合の対象がお金ではなく本なのだ。新城さんによれば、コロナ禍でメンバーは四名くらいに縮小してグループを分けているが、その前は一二名ほどでおこなっていたそうだ。メンバーが「オヤ」（もらう人）に読んでほしいと思う本を選び、模合の日にそれぞれがその本を持ち寄り、贈る。手渡すとき、「なぜこの本をこの人に贈りたいのか」を一人ひとりが語るのだという。新城さんによれば、読みたかった本をもらうのも嬉しいが、自分では決して手に取らないタイプの本をもらうことも嬉しいという。そして、「なぜこの本(作家)を今まで知らなかったのだ!」と新鮮な発見と感激があるという。また本の内容もさることながら、その人が自分のために選んでくれた本を、まとめて一二冊(オヤ本人も、自分のために一冊を選んで持ってくるのがまさに模合である)も手にすること自体、得難い体験なのだそうだ。ときには、複数のメンバーから同じ本をもらったりすることも一興だ。そして、受け取った本をすべて並べて写真を撮る。メンバーからもらった本は、読んでも読まなくてもいいし、

本もあいでオヤになって本をもらった様子

本の価格にも決まりはない。ただ、その人に読んでもらいたい本を贈り合うだけだ。新城さんは「この「本もあい」に心癒されている」と話すが、ここには現金ではなく、その人を想って本を選ぶという手間と時間が込められている(コロナ禍が収まりつつある二〇二三年頃からは、ふたたび人数を増やして集まるようになったそう)。

このように模合は、新しくて豊かなアイデアを受けいれる器になりうる。きっとここまで読んでくださった方のなかには、同じように個性的で創造的な模合をしている方もいらっしゃるだろう。また、私は沖縄県に無数にある模合の一部分しか触れていない。沖縄本島北部、中部、多くの離島など、まだまだ知らない地域がある。もっとバラエティに富んだ模合があると思う。

私が知らない模合についての情報を教えていただければ幸いである。

「模合社会」と呼ばれた沖縄。最後のほうで述べたように、その密度は少し薄くなっているように感じる。やはり若い人たちの模合への新規参入が必要だ。若い人は、年上の模合をまねる必要はない。ぜひ、本もあいのような、自分たちに合うやり方で楽しい模合を作ってほしいと思う。

模合のない社会で育った私が、模合のある社会で生きているみなさんに何か言えたのかは、はなはだ心もとない。私は老後、沖縄に移住し、少額の模合を友達と一緒にやるのが夢である。

この本はいわゆる学術書ではなく、あちこちで多くの人が語ってくださった模合についての話を編集した本である。お一人お一人が、模合についての経験や思いを語ってくださり、本当にありがたかった。聞くたびに新しい発見があったということは、私が知らないことがまだまだたくさんあるということである。まだまだこれからも、模合の世界を知っていきたい。

平野(野元)美佐

謝辞

これまでたくさんの模合に参加させていただきました。模合に参加し、多くの人から教えをこい、ときに関係のないバカ話をしたり、楽しい時間を過ごしました。研究を忘れたこともしばしばです。模合会場を出て一人で家路(ホテル路)につくとき、「模合がある沖縄が羨ましい」と感じない日はありませんでした。私を快く受け入れ、さまざまなことを教えてくださった模合グループのみなさんに、改めて感謝の意を表します。ありがとうございました。

また、模合に関する聞き取りに応じてくださったみなさん、本当にありがとうございます。加えて、タクシーの運転手さんにも「模合をやっていますか?」と聞いていろいろと教えていただきました。ありがとうございます。公設市場界隈で、平和通り商店街で、おもろまちの居酒屋で、浦添のレストランで、セルラースタジアムで雨宿りをしながら、宮古島の民宿で、街角の古本屋さんで、話を聞かせてくださった皆様、本当にありがとうございました。

とりわけ、安里優さん、平良博子さん、島尻郁子さん、大田守さん、照屋めぐみさんには、沖縄調査開始当初から一〇年以上にわたりいつも寄り添い、悩みを聞いていただき、調査に協力し、励ましてくださいました。このご恩は、一生かかっても返せそうにありません。心より感謝申し上げます。ほかにも感謝したい方々を列挙すれば、何ページにもわたってしまいそうなので、とりわけお世話になった方々だけを下記に記します。川上哲也さん、島尻忠男さん、伊良波盛男さん、宮城健志さん、仲松義雄さん、島尻博人さん、前泊博美さん、儀間利津子さん、川上慶子さん、坂東瑠美さん、盛島幸子さん、下地智枝さん、赤嶺武子さん、伊志嶺守・幸子さんご夫妻、前里芳美さん、平良勝保さん、宮里博晃さん、砂川葉子さん、下地秀樹さん、小松かおりさん、仲村隆男さん、嘉数みちえさん、比嘉清之さん、勝連正也さん、新屋正一さん、波平勇夫さん、野原克成さん、阿嘉唯敬さん、永松和子さん、松原徹男さん、高良勉さん、佐渡山透さん、本村恵一さん、本当にありがとうございました。

書ききれなかった多くのみなさま。本書はみなさまに多くを負っています。ありがとうございました。

研究者仲間として、禪野美帆さんと小松かおりさんには、草稿に目を通していただきました。もちろん瑕疵はすべて私の責任ですが、内容がわかりやすくなっていればお二人のおかげです。

小さいときは沖縄に連れていき、模合座で暴れまわっていた息子も、今は落ち着いた高校生になりました。NPO法人ファミリーサポート「愛さん会」のみなさん、その他多くの方に息子を預かり、かわいがっていただいたおかげで、子連れのフィールドワークが可能となりました。ありがとうございました。息子が大きくなると私一人の調査となりましたが、その間、多方面でサポートをしてくれた夫や母、亡き父に感謝します。そして嫌がりもせず、どこでも楽しんでくれた息子、雅久にもありがとう。

最後になりましたが、新城和博さんは、原稿の締め切りを何度も延ばしオオカミ少年ならぬオオカミ中年になった私を、編集者として辛抱強く待ってくださり、またたくさんの魅力的な小見出しをつけてくださいました。新城さんの励ましがなかったら、本書は完成していなかったでしょう。心からのお詫びと感謝をささげます。

なお、本研究は、科学研究費補助金(23521007, 26370948, 18K01171, 20H05824, 21H00644)の助成を受けたものです。記して感謝します。

引用文献

飯田耕二郎　１９９４「ハワイにおける日本人の居住地・出身地分布：１８８５年と１９２９年」『人文地理』46(1)：85―１０２

池田龍蔵　１９３０『稿本無尽の実際と学説』全国無尽集会所

石垣市史編集委員会（編）　１９９４『石垣市史　各論編　民俗　上』石垣市

石垣市総務部市史編集室（編）　１９９５『石垣市叢書　八：参遣状抜書（上巻）』石垣市

石原昌家　１９８６『郷友会社会：都市のなかのムラ』（地域科学叢書）ひるぎ社

石原昌家　１９９５『戦後沖縄の社会史』ひるぎ社

石原昌家・岸政彦（監修）・沖縄タイムス社（編）『沖縄の生活史』みすず書房

上原健太郎　２０２０ａ「沖縄の階層と共同性」岸政彦・打越正行・上原健太郎・上間陽子『地元を生きる：沖縄的共同性の社会学』ナカニシヤ出版　３―57頁

上原健太郎　２０２０ｂ「没入：中間層の共同体」岸政彦・打越正行・上原健太郎・上間陽子『地元を生きる：沖縄的共同性の社会学』ナカニシヤ出版　１８０―２６２頁

上間陽子　２０１７『裸足で逃げる：沖縄の夜の街の少女たち』太田出版

上間陽子　２０２０「排除II：ひとりで生きる」岸政彦・打越正行・上原健太郎・上間陽子『地元を生きる：沖縄的共同性の社会学』ナカニシヤ出版　３７１―４３５頁

打越正行　２０１９『ヤンキーと地元』筑摩書房

打越正行　２０２０「排除I：不安定層の男たち」岸政彦・打越正行・上原健太郎・上間陽子『地元を生きる：沖縄的共同性の社会学』ナカニシヤ出版　２６３―３７０頁

大里正樹　２０１０「沖縄の親睦模合と県内郷友会：大宜味村大兼久の同期会活動から」『史境』61：71―88

大本憲夫　１９７８「宮古島における模合集団」『社会人類学年報』４：２０７―２２２

沖縄県企画部　２０１９『第10回県民意識調査報告書　くらしについてのアンケート結果（平成30年8月調査）』沖縄県企画部企画調整課

沖縄県企画部　２０２２『第11回県民意識調査報告書　くらしについてのアンケート結果（令和3年8月調査）』沖縄

県企画部企画調整課

沖縄開発庁沖縄総合事務局（編）１９７４『沖縄における模合実態調査』沖縄開発庁沖縄総合事務局

沖縄県産業振興公社中小企業情報センター １９９３『県内中小企業の「模合」実態調査』

沖縄県文化振興会公文書管理部史料編集室（編）２００５『沖縄県史　各論編　第四巻 近世』沖縄県教育委員会

沖縄県八重山支庁 １９７６『復帰後の物価』

沖縄大百科事典刊行事務局（編）１９８３『沖縄大百科事典』（下巻）沖縄タイムス社

恩田守雄 ２００６『互助社会論：ユイ、モヤイ、テツダイの民俗社会学』世界思想社

恩田守雄 ２０１７「東アジアにおける互助慣行としての小口金融：日本と韓国、中国、台湾との比較」『社会学部論叢』27(2)：1—27

恩田守雄 ２０１９『支え合いの社会システム：東アジアの互助慣行から考える』ミネルヴァ書房

恩田守雄 ２０２０「東南アジアにおける金融互助：フィリピン、インドネシア、タイ」（第55回全国大会共通論題「絆の経済社会学」）『経済社会学会年報』42巻：37—52

笠原政治 ２００８『〈池間民族〉考：ある沖縄の島びとたちが描く文化の自画像をめぐって』風響社

金岡克文 ２０２０「戦前の沖縄県における地域銀行体制の変遷」『高岡法科大学紀要』31：97—１３２

金岡克文 ２０２１「明治・大正期の沖縄庶民金融の検討」『高岡法科大学紀要』32：１６５—１３２

金岡克文 ２０２２「戦前沖縄の庶民金融の構造」『日本海域研究』53：19—29

川平成雄 ２０１５『沖縄返還と通貨パニック』吉川弘文館

川添雅由・安藤由美 ２０１２「沖縄都市における地域生活と社会参加」安藤由美・鈴木規之（編）『沖縄の社会構造と意識：沖縄総合社会調査による分析』九州大学出版会 １２７—１４８頁

芳即正 １９８０『薩摩の模合と質屋：南日本庶民金史』大和学芸図書株式会社

岸政彦 ２０２０「序文：沖縄にとって「地元」とは何か」岸政彦・打越正行・上原健太郎・上間陽子『地元を生きる：沖縄的共同性の社会学』ナカニシヤ出版 ｉ—ｘｘⅳ頁

北島照明 １９７２「沖縄における模合の実態（１）」『商学集志』（日本大学商学研究会）41(4)：89—１０９

宜野湾市史編集委員会（編）１９８５「七『琉球資料』九三 所収の証文類」『宜野湾市史　宜野湾関係資料１』第４巻資料編３、２６４—３１３頁

球陽研究会(編)２０１１『球陽(読み下し編)』(沖縄文化史料集成５)角川書店

小林惟司　１９８７「明治初期における沖縄の模合について：読谷村波平の場合」『千葉商大論叢』25(2)：１５５―１８６

櫻井徳太郎　１９８８『講集団の研究』(櫻井徳太郎著作集　第1巻)吉川弘文館

渋谷隆一・麻島昭一(監修・共編)２００４『近代日本金融史文献資料集成』第23巻〈第Ⅳ期庶民・中小商工業金融機関編〉日本図書センター

清水盛光　１９５１『中國郷村社会論』岩波書店

下田将美１９２９『南島經濟記』大阪屋號書店(https://shimuchi.lib.u-ryukyu.ac.jp/collection/other/ot08001/224)

鈴木広　１９８６「過剰都市化のメカニズム：沖縄における模合の構造」『哲学新報』45：９―50

全国相互銀行協会　１９７１『相互銀行史』全国相互銀行協会

平良勝保　２０１１『近代日本最初の「植民地」沖縄と旧慣調査　１８７２―１９０８』藤原書店

高良倉吉　２００６「近世末近代初頭の琉球における模合請取証文について」『日本東洋文化論集』(琉球大学法文学部紀要)12：１６９―１８６

高良勉　２０１１『魂振り：琉球文化・芸術論』未来社

玉城愛 with にーびちオールスターズ(編)２０１０『ああ、沖縄の結婚式！：抱腹絶倒エピソード』ボーダーインク

田村浩　１９６９『琉球共産村落の研究』沖縄風土記社

多良間村史編集委員会　１９９３『多良間村史　第四巻資料編３　民俗』多良間村

知念良雄　１９９０『わったあ兼久』知念良雄発行

知念良雄　２００６(１９９５)「模合考(ユーレーとは)」『福岡研究部論集A』５(6)：84―１１１

豊見城市史編集委員会(編)２００８『豊見城市史　第二巻　民俗編』豊見城市役所

仲地宗俊・坂井教郎　２００３(１９６５)「明治期沖縄における旧慣村内法に関する考察」『農村史研究』37：66―76

那覇市企画部文化振興課　１９８９「模合請取証文・他」『那覇市史　資料編第1巻中10琉球資料(上)』６２５―

648頁
那覇地方裁判所・検事局　2004(1942)　「沖縄縣下に於ける旧(旧字体)慣模合に就て」『世態調査資料』(司法省調査部)渋谷隆一・麻島昭一(編)　『近代日本金融史文献資料集成』第23巻〈第Ⅳ期庶民・中小商工業金融機関編〉日本図書センター　360―375頁
波平勇夫　1997「北谷の模合」『上勢頭誌　上巻　通史編(1)』235―246頁
波平勇夫　1998「南島文化への誘い：南島文化とは何か　模合から見た沖縄とアジア」『南島文化への誘い』(沖縄国際大学公開講座7)　1―15頁
波平勇夫　2001「模合と契：相互扶助制度の比較社会文化的考察」沖縄・韓国比較社会文化研究会(編)『韓国と沖縄の社会と文化』第一書房11―44頁
波平勇夫　2006「福建省の民間金融：標会を中心に」『南島文化』(沖縄国際大学南島文化研究所紀要)28：123―131頁
波平勇夫　2008「宮古の模合」宮古の自然と文化を考える会(編)『宮古の自然と文化　第2集』ボーダーインク　136―153頁
波平勇夫　2011「インドネシアの民間互助制度アリサンについて：仮説構築に向けた予備的考察」『南島文化』(沖縄国際大学南島文化研究所紀要)33：31―52
波平勇夫　2017「近世琉球の模合」『南島文化』(沖縄国際大学南島文化研究所紀要)39：19―34
波平勇夫　2020「民間金融の諸形態からみたアジア社会(総括)」『南島文化』42：19―35
農林省經濟更生部　2004(1935)「頼母子講ニ關スル調査」渋谷隆一・麻島昭一(編)『近代日本金融史文献資料集成』第23巻〈第Ⅳ期庶民・中小商工業金融機関編〉日本図書センター　379―396頁
野元美佐　2004「貨幣の意味を変える方法：カメルーン、バミレケのトンチン(頼母子講)に関する考察」『文化人類学』69(3)：353―372
野元美佐　2005『アフリカ都市の民族誌：カメルーンの商人バミレケのカネと「故郷」』明石書店
比嘉春潮　1972「沖縄における明治初年の『文替り』」『沖縄文化論叢』第1巻 歴史編 平凡社
東与一　2017「模合における人間倒産の研究」『経済環境研究』6：63―75
東恩納寛惇　1979「南島通貨史の研究」琉球新報社(編)『東恩納寛惇全集4』第一書房　1―147頁

平野(野元)美佐　２０１４「親睦模合と相互扶助：沖縄・那覇周辺地域における模合の事例から」『生活学論叢』26：３―16

平野(野元)美佐　２０２３「利子に埋め込まれた信頼：沖縄の模合(頼母子講)から考える」『イスラーム信頼学Ｎews Letter』３：20―21

平良市史編さん委員会　１９７６『平良市史　第５巻資料編３』(戦後新聞集成)平良市役所

平良市史編さん委員会　２００３『平良市史　第10巻資料編８』(戦前新聞集成 上)平良市総合博物館

松尾順介　２０１２「ソーシャル・ビジネスと無尽・頼母子講」『桃山学院大学総合研究所紀要』38⑴：49―70

宮古島市教育委員会文化振興課(編)　２００８『明治期宮古島の旧慣調査資料』(宮古島市資料１　柳田國男筆写本「宮古島近古文書の翻刻シリーズ①」)宮古島市教育委員会

本部町史編集委員会　１９８４『本部町史　資料編　２』本部町役場

森嘉兵衛　１９８２『無尽金融史論』(森嘉兵衛著作集第二巻)法政大学出版局

森幸一　２０１１「サンパウロ市における沖縄系エスニックコミュニティの成立と展開過程の経済的側面：自営業戦術の累積的連鎖を視点として」『比較民俗研究』26：92―１２４

山内昌尚　２００４『戦後沖縄通貨変遷史：米軍統治時代を中心に』琉球新報社

与那堅亀　１９７５『沖縄の模合：損か得か　模合の利回りの解明』文教出版

読谷村史編集委員会(編)　１９９５『読谷村史　第四巻資料編三　読谷村の民俗(上)』読谷村役場

熊遠報　２００４「清民国期における徽州村落社会の銭会文書」『資料ハブ：地域文化研究』(東京外国語大学)３：１３６―１４５

琉球新報社　２０１７『沖縄県民意識調査報告書　２０１６』琉球新報社

Geertz,C. 1962 The Rotating Credit Association：‘A Middle Rung’ in Development, Economic Development and Cultural Change 1(3)：241―263.

著者紹介

平野(野元)美佐　(ひらの－のもと　みさ)

1969年大阪府生まれ、兵庫県西宮育ち。総合研究大学院大学文化科学研究科修了・博士(文学)。鹿児島国際大学、天理大学を経て、京都大学大学院アジア・アフリカ地域研究研究科・教員。専門は文化人類学、地域研究。
著書『アフリカ都市の民族誌』(明石書店・2005年)、主要論文「親睦模合と相互扶助」『生活学論叢』26号(2015年)、「宮古島における子どもの祝いの発展とその背景」『沖縄文化』53 (1)巻125号(2023年)など。

沖縄のもあい大研究

模合をめぐるお金、助け合い、親睦の人類学

2023年11月30日　初版第1刷発行

著　者＝平野(野元)美佐

発行者＝池宮紀子

発行所＝(有)ボーダーインク
〒902-0076　沖縄県那覇市与儀226-3
電話 098-835-2777　fax 098-385-2840
https://borderink.com　wander@borderink.com

カバーデザイン・イラスト＝宜壽次美智

印　刷＝株式会社 東洋企画印刷

ISBN978-4-89982-455-8　C0039　Printed in OKINAWA,Japan